Marina Lamb

Headhunting in der externen Personalbeschaffung

Der Kampf um Talente unter ethischen und moralischen Gesichtspunkten

Bibliografische Information der Deutschen Nationalbibliothek:

Die Deutsche Nationalbibliothek verzeichnet diese Publikation in der Deutschen Nationalbibliografie; detaillierte bibliografische Daten sind im Internet über http://dnb.d-nb.de abrufbar.

Impressum:

Copyright © Science Factory 2018

Ein Imprint der Open Publishing GmbH, München

Druck und Bindung: Books on Demand GmbH, Norderstedt, Germany

Covergestaltung: Open Publishing GmbH

Inhaltsverzeichnis

Abkürzungsverzeichnis IV

Abbildungsverzeichnis V

1 Aktuelle Entwicklungen und Problemstellung 1

2 Grundlagen: Definitionen und Begriffsabgrenzung 11
    2.1 „Fit" (Match) zwischen Klient und Kandidat 11
    2.2 Externe Personalbeschaffung – ein Überblick 15
    2.3 Headhunter bzw. Personalberater 18
    2.4 Ethik und Moral 24

3 Ethischer Spielraum in der Personalberatung 27
    3.1 Rechtliche Bestimmungen bei der Executive Search 27
    3.2 Das brancheninterne Ethik-Verständnis: Erklärungsansätze und Ethik-Kodex 29

4 Methodik bei der Direktsuche 39
    4.1 Arbeits- und Vorgehensweise von Headhuntern 39
    4.2 Der Auswahlprozess: Analyse des Einflusses von Personalberatern auf Verzerrungseffekte, Vorurteile und Diskriminierung 47

5 Diskussion 65

6 Fazit 74

Literaturverzeichnis 77

Abkürzungsverzeichnis

bzgl.	bezüglich
bzw.	beziehungsweise
DL	Dienstleistung
etc.	et cetera
HH	Headhunter
HR	Human Ressources
KMU	Klein- und mittelständische Unternehmen
KPI	Key Point Indicator
sog.	so genannt
v.a.	vor allem
z.B.	zum Beispiel

Abbildungsverzeichnis

Abbildung 1: Überblick über Beurteilungsfehler 18

Zur besseren Lesbarkeit wird in dieser Bachelorarbeit auf eine Verkomplizierung und Aufblähung des Textes verzichtet und vorwiegend das generische Maskulinum verwendet. Es wird als selbstverständlich erachtet, dass sich alle personenbezogenen Formulierungen nicht nur auf Männer, sondern gleichermaßen auch auf Frauen beziehen.

1 Aktuelle Entwicklungen und Problemstellung

Es ist unumstritten, dass sich die Personalbeschaffung in den letzten Jahren stark gewandelt hat. Zu den größten externen Veränderungen zählen vor allem die schrittweise Einführung des Web 2.0, die zu einer zunehmenden Vernetzung, Kommunikation und Zusammenarbeit aller Akteure auf dem Arbeitsmarkt (Arbeitnehmer, Arbeitgeber und Personalberatungen bzw. Headhunter) geführt hat. Mit der internetbasierten Personalsuche, - dem sogenannten E-Recruiting - welche die anzeigenbasierte Suche in Print-Form zu einem großen Teil ersetzt hat, ergeben sich für Unternehmen immer mehr Möglichkeiten, um gezielt auf die Suche nach neuen Mitarbeitern zu gehen (Kamin, 2011). Mit all diesen Möglichkeiten, wie Unternehmens-Webseiten, Internet-Stellenbörsen, als auch Business-Netzwerke und Social Media, steigt folglich auch die Schwierigkeit all diese Kanäle effektiv zu bespielen und zu nutzen. Die Vielzahl an Möglichkeiten erschwert zudem die Auswahl der „richtigen" Kanäle, um eine bestimmte Zielgruppe an Kandidaten anzusprechen, und zum anderen steigt die Transparenz bzgl. des Informationsflusses zwischen den Parteien auf dem Arbeitsmarkt im Netz nicht nur auf Unternehmensseite. Genauso wie Unternehmen sich detailliert über Bewerber informieren, haben letztere nun ebenso die Chance sich genauer über Firmen, deren Image und Job-Positionen zu erkundigen. Somit sind manche Organisationen in den Augen potentieller Kandidaten attraktiver als andere, was sich - als einer der vielen anderen externen Einflussfaktoren - direkt auf die Anzahl eingehender Bewerbungen auswirkt. Für viele Unternehmen (gerade für die kleineren mit geringerer Bekanntheit) ist die Personalsuche aufgrund der Vielzahl an Umsetzungsmöglichkeiten mittlerweile zu einer der schwierigsten Unterfangen geworden (marktmeinungmensch.at, 2017). Wie die Literatur nachfolgend bestätigen wird ist es - je nach Branche und Anforderungen der zu besetzenden Stellen - für ein durchschnittliches klein- und mittelständisches Unternehmen (KMU) kaum mehr möglich, ohne externe Unterstützung an geeignete Arbeitnehmer zu kommen – jedoch tun sich auch größere Firmen immer schwerer (Stülb von Klimesch and Stülb von Klimesch, 2014).

Verschlimmert wird die derzeitige Situation um den "War for Talents" - ein umstrittener Begriff der durch McKinsey geprägt wurde und den Wettbewerb um ausgebildete Fachkräfte beschreibt (Michaels, 2009) - zusätzlich durch einen weiteren externen Faktor: Den demografischen Wandel und die zunehmend älter werdende Arbeitnehmerschaft (Prezewowsky, 2007). In vielen Bereichen werden die Folgen des demografischen Wandels erst ab 2020 oder 2025 durchschlagen, nicht so auf dem Arbeitsmarkt. Qualifizierte Arbeitskräfte, egal welchen Alters, sind bereits jetzt schon knapp. „Schon heute ist der Personalmarkt ein ‚Kandidatenmarkt' (Stülb von Klimesch and Klimesch, 2014; p.8). „Werfen wir einen Blick auf die zu erwartende Entwicklung am Arbeitsmarkt. ‚Sogar bei gleichbleibender Qualifikationsanforderung [...] könnten die in 2050 ausscheidenden Leistungsträger nicht mehr mit gleich qualifizierten jüngeren Berufstätigen ersetzt werden. Auch wenn 2050 noch sehr weit weg ist, so sehen wir aber, dass bereits in 2010 das Potenzial der Erwerbstätigen deutlich gesunken ist (...). Die Probleme der Zukunft sind bereits in unserer Gegenwart angekommen. Um es deutlich zu machen: Der Nachwuchs für die in 2030 ausscheidenden Akademiker muss heute schon geboren sein. Für die geschätzten 200.000 Ingenieure, die bis 2020 in den Ruhestand gehen, müssen heute schon Studenten in den Vorlesungen sitzen. Wenn der Demografische Wandel nicht zum Standortnachteil werden soll, so gilt es heute und keinen Tag später zu handeln'" (Stülb von Klimesch and Klimesch, 2014, p. 4). Daher sind junge, talentierte Fachkräfte immer schwerer zu finden und neue Studienabgänger stark umworben. Die strategischen Maßnahmen zur Gewinnung und Bindung qualifizierter Mitarbeiter (Personalmarketing und Employer Branding), sowie der effiziente Einsatz verschiedener Recruiting-Kanäle werden immer wichtiger für Arbeitgeber und immer mehr HR Abteilungen werden über kurz oder lang gezwungen sein, sich intensiver mit dem Thema "externes Recruiting" auseinanderzusetzen. Interne Personalbeschaffung ist für die meisten KMUs keine Option, da die internen Besetzungsmöglichkeiten von Positionen schon allein durch die Mitarbeiteranzahl und die verfügbaren, internen Weiterbildungsmöglichkeiten begrenzt sind (Prezewowsky, 2007).

Zunehmende Mobilität (zum Teil auch begründet in der Globalisierung und der steigenden internationalen Vernetzung) ist ein weiterer Einflussfaktor im derzeitigen Kampf um qualifiziertes Personal. Die zunehmende Mobilität der Arbeitskräfte und der Wertewandel in der Gesellschaft, welcher die Erwartungen von Arbeitnehmern an die Arbeitgeber betrifft, sind wichtige Treiber des zukünftigen Erfolgs in der Headhunting-Branche. Viele Unternehmen empfinden die Kosten für die DL eines HHs immer noch als zu hoch, jedoch wird es in Zukunft eine notwendige und übliche Investition in die Betriebsaktivitäten darstellen. Ein Headhunter drückte es in einem wirtschaftlichen Kontext folgendermaßen aus: „One of fundamental assumptions of headhunting is that people constantly change jobs and move from one place to another, and that it is an immanent feature of the business world: 'People will be mobile and change jobs, because that is what the business world wants. Of course, it costs, but it is a real cost of economic activity' [...] Thus, there exists a naturally formed market niche for the activity of executive search companies. [...] The costs of headhunting service are only a small part of the natural costs of running a business. [...] Another respondent expresses also a similar opinion claiming that he does not force people to change jobs, people themselves want to change jobs and the headhunter only helps them: 'The candidate is a free man and I am not doing anything unethical." (KONECKI, 1999, pp. 561–562). Gerade jüngere Arbeitnehmer der „Generation Y" haben nicht mehr das Bedürfnis ein Leben lang bei ein und demselben Unternehmen zu arbeiten und wechseln häufiger ihren Arbeitsplatz bzw. Wohnstandort (Astheimer, 2014). Durch stetige Abnahme von Nachwuchskräften befinden sich nun auch Arbeitgeber in der Bewerber-Rolle, was sich in kürzeren Beschäftigungsdauern und höheren Fluktuationsraten seitens jüngerer Erwerbstätiger bis 30 Jahre äußert (Rhein and Stüber, 2014). Die Folge: Arbeitgeber müssen sich darauf einstellen, dass sie gute Mitarbeiter nicht dauerhaft an sich binden können. Dies erfordert laufende Recruiting-Aktivitäten, was die zukünftige Bedeutung der externen Personalbeschaffung durch Headhunter (HH) für die Zukunft einmal mehr betont (Chambers, 2007).

Der „War for Talents" beschreibt die derzeitige Situation auf dem Arbeitsmarkt recht gut. Damit wird zum Ausdruck gebracht, dass nicht einfach nur Köpfe knapp werden, sondern das was in ihnen steckt: Neben der quantitativen Verknappung steigt die qualitative Nachfrage nach Arbeitskräften immens. Vor allem in den sog. MINT-Märkten (Mathematik, Informatik, Naturwissenschaft, Technik) und den TIME-Märkten (Telecommunication, Information, Media und Elektronics) sucht man verstärkt nach „Intellectual Property". Durch die heutige Einwanderungspolitik gibt es zwar einen gewissen Neuzugang an Human Ressources, jedoch kann dieser die Lücken nicht ausreichend füllen. Im Gegensatz zu vielen anderen Ländern, sind die Europäischen schon lange im Stadium einer Wissensgesellschaft angekommen, was es noch schwieriger macht vom Ausland geeignete Fachkräfte zu akquirieren, wo man teilweise noch eher industriell orientiert ist (Stülb von Klimesch and Klimesch, 2014). Dieser Umstand verschärft die Mangelsituation noch weiter. Sprachbarrieren sind wahrscheinlich das geringste Defizit, wenn man sich die internationalen Unterschiede in Ausbildungsgrad und den Qualifikationen ansieht. Ein HH bestätigt diesen Umstand: „'Da ich in diesen Märkten tätig bin, hat sich in meinem Verständnis meine Aufgabe vom ‚Headhunter' zum ‚Brainhunter' entwickelt. Wenn ich mir die verschiedenen Such- und Anforderungsprofile meiner Auftraggeber ansehe, dann ist Deutschland schon längst in der Wissensgesellschaft angekommen.'" (Stülb von Klimesch and Klimesch, 2014; p. 8-9). „'Seit über 10 Jahren bin ich nun als Personalberater in der IT-Branche tätig, und der Mangel an guten Fach- und Führungskräften nimmt weiterhin zu.'" (Stülb von Klimesch and Klimesch, 2014; p.10). Diese Entwicklungen werden auch in anderen Branchen über kurz oder lang stark spürbar werden, da die demografischen Entwicklungen branchenübergreifend stattfinden.

Der allgemeine Wertewandel in der neuen Generation bringt es mit sich, dass die Menschen Arbeit heutzutage anders definieren. Dies ist ein Grund mehr, weshalb Fachkräfte zu finden für Unternehmen immer schwieriger wird. Der Wunsch nach einer besseren Work-Life Balance und einer höheren Lebensqualität in nicht-monetären Bereichen ist der Grund, weshalb moderne Angestellte nicht mehr nach einem „Nine-to-Five-Job" streben. Home-Office, zeitliche und örtliche Flexibilität und die Freiheit, Aufgaben ohne genaue Vorgabe von Maßnahmen und Vorgehensweisen zu erfüllen sind gefragt. Unternehmen können nur durch einen Paradigmenwechsel und neue Organisationsstrukturen auf die neue Form der Wertehaltung von Freiraum und Selbstbestimmung reagieren. Mit den bisherigen Benefits (hohes Gehalt, sonstige Zusatzleistungen, etc.), werden sich Mitarbeiter nicht mehr langfristig binden lassen. „Die Wichtigkeit sozialer und persönlicher Werte, wie Familie, Freundschaft und Freizeit hat gegenüber der Karriereorientierung deutlich zugenommen. Dadurch ist die Karrieremotivation als erste Voraussetzung für eine Führungslaufbahn bei vielen jungen Menschen nicht mehr so ausgeprägt. Junge Menschen investieren heute ihre Kraft und Motivation lieber in andere Aktivitäten." (Thomas, 2016). Auch diesbezüglich, ist bei den meisten Firmen noch Nachholbedarf vorhanden und Beratung bezüglich Umstrukturierungsmaßnahmen und das Eingehen auf neue Bedürfnisse von Arbeitnehmern vonnöten (Stülb von Klimesch and Klimesch, 2014). „Unsere Arbeitswelt wird älter, bunter und weiblicher, unsere Werte-Kultur ändert sich. Was bedeutet das für eine durchdachte, zukunftsfähige Personalpolitik? Nach Einschätzung der Personalberater in Deutschland wird der Mangel an Fach- und Führungskräften für Unternehmen in den nächsten Jahren zur Wachstumsbremse." (Stülb von Klimesch and Klimesch, 2014, pp. 26–27). In der heutigen Wissensgesellschaft ist Human-Kapital ein unverzichtbarer Erfolgsfaktor für Unternehmen. Recruiting (ein Begriff, der in dieser Arbeit synonym für die externe Personalbeschaffung gebraucht wird: siehe Definition „Personalbeschaffung") kann nicht mehr länger ein Geschäftsbereich sein, den HR Abteilungen neben ihren zahlreichen anderen Verpflichtungen innerhalb einer Organisation zu bewältigen haben. Dieser Bereich sollte in Zukunft höchste Priorität haben (Prezewowsky, 2007). Dies zeigt sich auch in dem so oft erwähnten Fachkräftemangel, der nicht selten in ineffizienten Recruiting- und Personalmarketingprozessen Begründung findet (Fink et al., 2015). „Dieser vor allem auf qualifikatorische Missmatches zurückzuführende fachkräftebezogene Nachfrageüberhang am Arbeitsmarkt wird sich durch das steigende Durchschnittsalter sowie die deutlich kleineren nachfolgenden Generationen in Zukunft weiter verstärken. [...] Neben qualifikatorischen Missmatches können auch unterschiedliche Auffassungen über akzeptable Konditionen des Arbeitsverhältnisses [Wertewandel] für die Nichtbesetzung vakanter Stellen verantwortlich sein" (Prezewowsky, 2007, p. 36). Dabei geht es hauptsächlich um den sogenannten „Fit" oder „Match" zwischen einem Kandidaten und dem Unternehmen bzw. der Job-Position. Im 2. Abschnitt wird dieses Konzept näher definiert. Inwiefern Recruiting-Maßnahmen von unternehmensinternen HR Verantwortlichen häufig nicht zielführend sind, wird durch Vergleiche mit der Vorgehens- und Arbeitsweise von Headhuntern im Laufe der Arbeit aufgeführt.

Gegen die größeren Konzerne, die sehr viele Zusatzleistungen, hohe Gehaltsmargen und Aufstiegschancen bieten, können sich viele KMUs nicht behaupten. Größere Organisationen haben zudem die nötigen finanziellen Mittel, ihre Marke im Internet besser zu verkaufen und investieren sehr viel in Personalmarketing und „Employer Branding", was ihnen einen gewaltigen Vorsprung auf dem Arbeitsmarkt verschafft. Je größer die geschaffene Arbeitgeberattraktivität, desto größer ist auch die Chance für Arbeitgeber, geeignete Kandidaten zu finden (Prezewowsky, 2007). Die „Generation Y" legt mittlerweile viel Wert auf die Werte- und Nachhaltigkeitsorientierung ihres zukünftigen Arbeitgebers. Employer Branding und Personalmarketing können die Arbeitgeberattraktivität deutlich steigern (Schetter, 2014). Auch wenn es in vielen Unternehmen noch nicht angekommen ist, sind die HR Abteilungen zu einem Großteil, gegenwärtig und zukünftig, für die Vermittlung von Werten und die Schaffung eines attraktiven Arbeitgeber-Images mitverantwortlich (Doyé, 2016). Das öffentlich einsehbare Profil eines Unternehmens in diversen Medien, sowie die aktive Direktansprache von Bewerbern durch Recruiter (egal ob interne oder externe) bilden den ersten Berührungspunkt zwischen Unternehmen und potentiellen Kandidaten. Es ist also dringend anzuraten, bereits bei der Personalbeschaffung auf ein ansprechendes Firmenimage aus der Perspektive potentieller Bewerber zu achten (Doyé, 2016). Das „gute Image" muss für Bewerber während des gesamten Recruiting-Prozesses spürbar sein. Im Sinne der „Candidate Experience" - ein Begriff der sich auf die Wahrnehmung des Arbeitgebers aus Sicht der Bewerber während des Bewerbungsprozesses bezieht bzw. auf die subjektiv bewertete Erfahrung des Bewerbers mit dem Unternehmen - müssen Unternehmen die potentiellen, neuen Mitarbeiter sprichwörtlich umwerben und diese angemessen behandeln. Dies bezieht sich wieder auf die Bewerber-Rolle der Unternehmen, die es sich nicht mehr leisten können durch unstrukturierte Recruitingprozesse, sowie unmoralische Verhaltensweisen bei der Personal-Selektion (z.B. Diskriminierung, Vorurteile, etc.) Kandidaten an die Mitbewerber zu verlieren. Viele Unternehmen haben das Thema „Candidate Experience" bisher vernachlässigt und müssen sich jetzt der Konsequenz stellen, dem Wettbewerb um Personal auf dem Arbeitsmarkt nicht mehr gewachsen zu sein (Verhoeven, 2016). Aus diesem Grund ist für viele Unternehmen eine intensive Beratung in Sachen externer Personalbeschaffung notwendig (Doyé et al., 2016). Weiters sind subjektive und voreingenommene Beurteilungen von Bewerbern nicht nur unmoralisch, sondern schränken den Bewerberkreis von Unternehmen erheblich ein. Daher gilt es von Seiten der Unternehmen, und im speziellen der HR Abteilungen, bestimmte Sichtweisen und unbewusste Entscheidungen bezogen auf die Kandidatenauswahl zu hinterfragen. Auf die spezifischen Formen des „Bias" und die anderen Beurteilungsfehler wird im 4. Abschnitt eingegangen. Das Konzept dahinter wird ebenfalls im 2. Kapitel erklärt.

Laut einer umfassenden Studie über die Recruiting Trends durch das Centre of Human Resources Information Systems (CHRIS) der Universitäten Bamberg und Frankfurt am Main, in Zusammenarbeit mit der Monster Worldwide Deutschland GmbH, sind die zukünftigen Top Themen der Personalbeschaffung [geordnet nach Wichtigkeit]: Personalbedarf, Fachkräftemangel und Altersmanagement (Stülb von Klimesch and Klimesch, 2014). „Die geringste Verfügbarkeit sehen deutsche Großunternehmen in den Bereichen Forschung und Entwicklung und Informationstechnologie." (Stülb von Klimesch and Klimesch, 2014; p.14). Da sich Unternehmen heutzutage mit all diesen Herausforderungen der Personalbeschaffung überfordert sehen, suchen sich einige externe Unterstützung bei Personalberatungsfirmen oder selbstständigen Headhuntern (Wirth, 2015). Die Begriffe des Headhuntings und der Personalberatung werden oft synonym verwendet, da sich ihre Funktion in den letzten Jahren immer mehr angeglichen hat. Personalberater, die ausfindig gemachte Kandidaten gezielt und direkt ansprechen, werden oft als Headhunter oder Kopfjäger bezeichnet (Olfert, 2008). In dieser Arbeit werden die Bezeichnungen des Headhunters und Personalberaters ebenfalls als Synonyme gebraucht. "Headhunting als Recruiting-Kanal ist allerdings kein neues Phänomen der Personalbeschaffung. Die gezielte Suche und Ansprache von potenziellen Kandidaten durch Headhunter hat sich Anfang der 1950er Jahre in den USA etabliert. [...] konzentriert sich das Headhunting seit Ende der 90er Jahre nicht mehr nur auf Führungskräfte, sondern auch auf das mittlere Management." (Kamin, 2011, p.6). Aus unterschiedlichen Quellen lässt sich herauslesen, dass sich immer mehr Headhunter auf die Besetzung niedrig-qualifizierter Stellen spezialisieren – dies vor allem in Branchen, in denen die Nachfrage am größten ist und Mitarbeiter generell schwer zu finden sind, wie z.b. in der IT Branche (Stülb von Klimesch and Klimesch, 2014). In den letzten Jahren hat die Anzahl von Personalberatungs- bzw. Headhunting- Agenturen rapide zugenommen, was den dringenden Bedarf an professionellen Recruiting-Methoden mit wiederspiegelt (Hofmann and Steppan, 2011). Vor allem nach der Tiefphase der Headhunting-Branche während der Wirtschaftskrise, hält der Boom und der Wettbewerb um qualifizierte Fach- und Führungskräfte weiter an. (Naumann, 2011). Es ist belegt, dass die HH-Branche auch in konjunkturell schwierigen Zeiten nicht sehr leiden muss. Für die Zukunft wir die Dienstleistung noch wichtiger werden, weil der Fachkräftemangel weiterhin bestehen und noch gravierender werden wird (Stülb von Klimesch and Stülb von Klimesch, 2014).

In der Personalbeschaffung ist es unabdingbar geworden auf die genannten, tiefgreifenden Veränderungen der letzten Jahrzehnte Rücksicht zu nehmen und diese Faktoren entsprechend in die Personalentscheidungen miteinfließen zu lassen - egal ob es sich dabei nun um die externen Faktoren auf dem Arbeitsmarkt handelt oder um die sozialen, persönlichen Faktoren der am Personalbeschaffungsprozess beteiligten Akteure. Die interne Unternehmenskultur des Klienten eines Headhunters (HH), sowie die Werte und Vorstellungen der HR Verantwortlichen, die mit dem HH zusammenarbeiten, bestimmen letztendlich die Personalentscheidungen. Wie Literaturquellen später zeigen werden, haben auch die ethischen Standards sowie die moralischen Vorgehensweisen von Personalberatern selbst wesentlichen Einfluss auf den Recruiting-Prozess und die finale Personalauswahl seitens der Klienten (Stülb von Klimesch and Klimesch, 2014). Diese Zusammenhänge betreffen auch unmittelbar den „Match" oder „Fit" zwischen dem Kandidaten und dem Unternehmen. Diesen müssen Personalberater erreichen, um ihren Rekrutierungsauftrag erfolgreich erfüllen zu können. Gerade, weil es um den Ruf von Headhuntern nicht gerade gut bestellt ist und diesen vielfach unethisches Verhalten vorgeworfen wird, soll das Thema der Ethik in Zusammenhang mit der externen Personalbeschaffung durch Personalberater oder Headhunter gestellt werden (Stehr, 2011). Aufgrund dieses interessanten Gegensatzes legt diese Arbeit den Fokus auf die externe Personalbeschaffung durch Personalberater oder Headhunter, die aufgrund der derzeitigen Problematiken bei der Personalsuche bzw. auf dem Arbeitsmarkt Unternehmen äußerst effektiv unterstützen können. In der bisherigen Literatur ist sehr wenig speziell zum Thema externe Personalbeschaffung als Dienstleistung (DL) von Headhuntern, in Verbindung mit ethischen Grundsätzen und Vorgehensweisen zu finden. Akademische Studien über die wichtige Rolle von Personalberatern als Intermediäre des Arbeitsmarkts sind bisher kaum vorhanden (Collins, 2016). Die Kombination aus Vorurteilen der Allgemeinheit gegenüber Personalberatern oder Headhuntern, sowie das Fehlen eingehender Literatur in Zusammenhang mit deren ethischen Arbeitsweisen und moralischen Einstellungen in Bezug auf die Personalauswahl bei ihren Auftraggebern ist ein Grund mehr, sich genauer mit dieser Thematik zu beschäftigen. Daher soll folgende Forschungsfrage in dieser Bachelor-Arbeit geklärt werden:

Warum wird die externe Personalbeschaffung bei Unternehmen unter Zuhilfenahme von Headhuntern oder Personalberatern in Zukunft effizienter sein, als durch die unternehmensinternen HR Abteilungen? Und inwiefern können Headhunter hierbei die Personalentscheidung von HR Verantwortlichen in Hinblick auf ethische Gesichtspunkte beeinflussen und Wahrnehmungsverzerrungen entgegenwirken? Ziel ist es daher herauszufinden, weshalb gerade die in Verruf geratene Branche der HH das Potenzial hat, die genannten zukünftigen Herausforderungen für Unternehmen mit einer ethischen Arbeitsweise besser zu bewältigen, als HR Abteilungen bzw. die unternehmensinterne Personalbeschaffung derzeit in der Lage ist. Der Einfluss von Headhuntern auf die Entscheidungsfindung in der Personalselektion seitens HR Verantwortlicher wird überprüft, in dem die Methodik und die allgemeine Vorgehensweise von HH mit bekannten Formen des Bias, die beim Recruiting auftreten können in Verbindung gesetzt wird. Eine schrittweise Analyse der Zusammenarbeit von HR Mitarbeitern mit Headhuntern, soll zeigen, dass die Kooperation auch hinsichtlich auftretender Wahrnehmungsverzerrungen während Vorstellungsgesprächen vorteilhaft ist. Dies ist insofern interessant, als die Arbeit von Headhuntern oder Personalberatern unter ethischen und moralischen Aspekten in der bisherigen Literatur nur sehr oberflächlich behandelt wurde. Die moralische Vorgehensweise von HH wurde dort lediglich bezüglich der rechtlichen und brancheninternen Belange, sowie bezüglich ihrer Beziehungen zu Geschäftspartnern, Klienten und Kandidaten untersucht.

Diese Arbeit geht mitunter ebenso auf diese Bereiche ein, jedoch wird hier auch das Vorstellungsgespräch bzw. der Auswahlprozess selbst analysiert und miteinbezogen. Es soll gezeigt werden, in welchem Maße es den Personalberatern auch im Auswahlprozess oder dem Vorstellungsgespräch möglich ist, eine ethische Herangehensweise im Recruiting zu manifestieren.

Anhand von Beispielen aus der Branche, wird untersucht, an welchen Standards und Verhaltenskodizes Personalberater festhalten und wie sie sich nach außen hin profilieren. Einerseits werden dazu vorliegende Interviews mit Experten aus der Sekundär-Literatur herangezogen, andererseits das öffentliche Image, welches über diverse Medien im Internet transportiert wird. Mithilfe eines ausführlichen Berichts in Form eines Buches, das von Jacques André Mertzanopoulos verfasst wurde und das Erfahrungen aus 28 Jahren in der Personalberatung zusammenfasst, werden die Sichtweisen seriöser HH dargelegt. Weitere Schriften führender Personalberater aus unterschiedlichen Branchen und Regionen, sowie darin zitierte Berichte von Branchen-Mitgliedern, sollen ein solides Fundament für ein Fazit schaffen. In der Sekundärliteratur sind ausreichend brancheninterne Quellen (Erfahrungsberichte, Artikel, Bücher und Interviews) vorhanden. In dieser Arbeit sollen diese Quellen genutzt werden, um durch den Vergleich unterschiedlicher Ansätze, Erfahrungen und Meinungen eine Art Gesamtbild zu schaffen, das Aufschluss über die Nachhaltigkeit und Zukunftsfähigkeit dieser Branche gibt. Durch Gegenüberstellung von teilweise gegensätzlichen Statements in der verwendeten Literatur, soll die Objektivität und die Aussagekraft dieser Arbeit gewahrt werden.

In Abstimmung mit den unterschiedlichen Literaturbefunden, verfolgt diese Arbeit folgenden Aufbau: Im zweiten Abschnitt dieser Arbeit, werden zunächst grundlegende Konzepte vorgestellt, die für die weiteren Erörterungen maßgeblich sind. Dazu gehören einerseits das Konzept des „Fits" bzw. des „Matches" zwischen Arbeitgeber und Kandidaten, sowie das Konzept des „Bias" und Beurteilungsfehlern, die im Rahmen der externen Personalbeschaffung auftreten können. Weiters werden die begrifflichen Unterschiede von Headhuntern und Personalberatern geklärt und, was man unter „Executive Search" und „Professional Search" versteht. Den Schluss der Begriffsabgrenzungen bildet die Erklärung von Ethik und Moral. Im dritten Abschnitt wird dann der ethische Spielraum in der Personalbeschaffung durch HH abgesteckt. Dies wird durch die Aufführung verschiedener Einflussfaktoren, die das ethische und moralische Arbeiten von HH bestimmen erreicht. Dazu zählen zunächst die rechtlichen Bestimmungen, sowie das brancheninterne Ethik-Verständnis der HH, welches sich mit der Zeit als eine eigene Form der „Branchen-Kultur" herausentwickelt hat und nun zu einer Art Standard geworden ist. Hier werden unterschiedliche Sichtweisen als Erklärungsversuche für das moralische Handeln von Personalberatern herangezogen. Den dritten Einflussfaktor bilden dann die konkreten Regeln innerhalb der HH-Branche bzw. der offizielle, aber nicht verbindliche Ethik-Kodex. Der vierte Abschnitt geht dann konkret auf die Methodik bei der Direktsuche ein, wozu die einzelnen Arbeits- und Vorgehensweisen von HH zählen. Ein eigener Unterabschnitt wird hier speziell dem Auswahlprozess selbst und einer Analyse des Einflusses von HH auf Wahrnehmungsverzerrungen der HR Verantwortlichen (seitens des Klienten) gewidmet. Der Grund dafür ist der Umstand, dass sich bisherige Literatur kaum damit auseinandergesetzt hat. Der Hauptteil schließt dann mit einer Diskussion der wichtigsten Ergebnisse, die diese Arbeit hervorgebracht hat im fünften Kapitel ab und führt neben den Grenzen der Arbeit, zukünftige Forschungsvorschläge an. Der sechste Abschnitt gibt schließlich noch einmal einen kurzen Überblick über die Wichtigkeit und die Bedeutung der Arbeit von HH für die Zukunft.

2 Grundlagen: Definitionen und Begriffsabgrenzung

2.1 „Fit" (Match) zwischen Klient und Kandidat

Das Konzept des „Personal-Organization Fits", bzw. des „Matchings" ist zu einem zentralen Konzept in Studien zur Mitarbeiterauswahl im modernen Arbeitsumfeld geworden. Manager in Unternehmen suchen Mitarbeiter, die sich gut in das Unternehmen integrieren. Das hängt einerseits von der Berufseignung ab (Voraussetzungen, die ein Individuum braucht, um die spätere Tätigkeit ausüben zu können), andererseits auch von menschlichen Merkmalen, die Erfolg garantieren (Nuss, 2007). Oft wird die berufliche Eignungsdiagnostik eingesetzt, um einen Match zwischen Kandidat und Unternehmen zu identifizieren. „Im Kern geht es um die Frage, welchen Personen aus einer Gruppe von Bewerbern für eine betriebliche Position ein Stellenangebot gemacht wird. Die Procedere zur Auswahl sollten dabei beruhen auf Anforderungsschreiben der Position, fundierten eignungsdiagnostischen Auswahlverfahren und rational begründeten Entscheidungskriterien und -prozeduren (Nuss, 2007; p.11).

Die Entscheidung für einen Kandidaten basiert vornehmlich auf Kriterien wie zwischenmenschliche Chemie, Werten und persönliche Charaktereigenschaften. Ein Match lässt sich nicht nur auf die Standard-Kriterien von Wissen, Fähigkeiten, Talent oder vergangene Errungenschaften reduzieren (Coverdill, 1998). Es gibt unterschiedliche Ebenen des Fits. Man unterscheidet generell den Fit zwischen Organisation und einem potentiellen Kandidaten und den Fit zwischen Kandidat und der verantwortlichen Person des Unternehmens, mit der das Bewerbungsgespräch stattfindet („Bewerber-Interviewer Fit"). Letzterer ist vor allem anfangs wichtiger, da der Kandidat den ersten Kontakt zum Klienten meist mit einem unternehmensinternen HR Verantwortlichen des Klienten hat. „Headhunters suggest that the 'fit' of a job candidate is assessed at two levels, one corresponding with a general compatibility with organization-level norms, culture, and strategy, the other corresponding more closely with traits and characteristics of the person or persons with whom the job candidate actually interviews." (Coverdill, 1998; p. 105). Stimmt das persönliche Matching zwischen diesen Parteien, geht es darum, ob der Kandidat auch mit den anderen Mitarbeitern der Organisation zusammenpasst und sich mit den Strategien, Werten, Normen, sowie mit der generellen Unternehmenskultur des späteren Arbeitgebers identifizieren kann (Coverdill, 1998). "Evidence from headhunters, however, strongly suggests that there is considerable variation in the criteria employers use to select candidates from a candidate pool. General criteria, such as education and experience, play a limited role at best. Instead, the criteria that are used to select candidates are the candidate's compatibility with a particular organization's culture, norms, and strategies, compatibility with the hiring authority and interviewers, and whether the candidate meets specific skill or experience requirements." (Coverdill, 1998; p. 122).

In einem ersten Schritt, werden die harten Kriterien („hard skills"), die gemäß den Anforderungen des Klienten unbedingt erfüllt werden müssen herangezogen, um einen ersten Pool an Kandidaten aufzustellen. Dazu zählen die Art der Ausbildung, Berufserfahrung, Weiterbildungen, Führungsaufgaben und die Zuständigkeit für eine bestimmte Anzahl von Mitarbeitern, sowie Umsatzverantwortung, bestimmte Zertifikate, etc. Die Hard Skills entscheiden im ersten Schritt, wer auf alle Fälle nicht in die engere Wahl genommen wird, macht es aber schwer die übrig gebliebenen Kandidaten miteinander ausreichend zu vergleichen (Coverdill, 1998). Sobald der erste Pool (die „short list") an Kandidaten vom Personalberater erstellt wurde, werden die „hot buttons", die zuvor mit dem Klienten definiert wurden, herangezogen. „Skill—a factor which is largely neglected by those who tout the importance of fit—also plays an important and independent role in employee selection. Stalls that influence the selection of employees from a pool of candidates tend to be highly specific if not idiosyncratic, and take the form of what headhunters call 'hot buttons'." (Coverdill, 1998, p. 105). Dabei handelt sich um Fähigkeiten und Erfahrungen, die der Kandidat spezifisch für die zu besetzende Stelle braucht. Sie sind kontextspezifisch und variieren je nach Position, Unternehmen und Branche (Coverdill, 1998). „They serve as markers of a candidate's ability to do the job, not just a job of the sort being filled." (Coverdill, 1998; p.107). Hot Buttons sind sehr spezifische Fähigkeiten und Erfahrungen, die nicht als Basis-Voraussetzung bei Kandidaten erwartet werden, erzeugen aber eine sehr positive Reaktion bzw. Enthusiasmus beim zukünftigen Arbeitgeber und erhöhen damit die Chance ein Job-Angebot zu erhalten. „One headhunter usefully defined hot buttons as the 'solution to the problem that motivated the employer to seek to fill the position.'" (Coverdill, 1998; p.117). Daher hängen Hot Buttons auch vom jeweiligen HR Manager ab mit dem das Interview stattfindet, als von der Position.

Im zweiten Schritt geht hauptsächlich um die persönlichen Eigenschaften und die sozialen, zwischenmenschlichen Faktoren bei der Bewerberauswahl („soft skills") (Coverdill, 1998). Bei der Bestimmung der weichen Faktoren, die von zentraler Bedeutung für den Fit sind, klären die HH mit dem Management des Unternehmens eine Vielzahl von Fragen ab. Dabei werden alle Prozesse innerhalb des Unternehmens berücksichtigt, sowie Unternehmenskultur und Art der internen und externen Kommunikation. Auch die Gründe des Scheiterns eines früheren Stelleninhabers werden genau beleuchtet, um ein genaues Persönlichkeitsprofil des zukünftigen Mitarbeiters zu erstellen. Das Profil ist die wesentliche Grundlage für die späteren Interviews mit potentiellen Kandidaten (Hofmann and Steppan, 2011). Headhunter benutzen den Begriff „Fit" meist dann, wenn es explizit um die „Chemie" zwischen Unternehmen und Kandidaten/innen geht. Wichtig aus dieser Perspektive ist, dass der Fit hier nichts mit den hard facts und den hot buttons zu tun hat, sondern sich ausschließlich auf die persönliche Ebene zwischen Klient und Kandidat bezieht. Er beschreibt die äußerst subjektive Bewertung über die Qualität und Umgänglichkeit eines Kandidaten aus der Sicht des Arbeitgebers, und damit im Wesentlichen eine mögliche harmonische Beziehung zwischen beiden Parteien. Aus Sicht der HH, gilt der Fit als DER Schlüssel für eine erfolgreiche Einstellung, was folgendes Zitat eines Headhunters zeigt: „'Every, every, every placement is a chemistry placement. And don't let anybody ever tell you any different, okay. You can put three people or four people in front of somebody, and they're going to hire the one that they have that rapport with, all other things being equal. If they're all qualified, they all have the degrees, the background, the skill level that they're looking for, they're going to go with the one that they feel the best about; and that's chemistry. And that's the thing that's the crucial element.'" (Coverdill, 1998; p. 111-112). Das heißt natürlich auch, dass sich der zukünftige Mitarbeiter mit der Unternehmenskultur langfristig identifizieren können muss. Die Identifikationsbereitschaft oder das Identifikationspotential ist die zentrale psychologische Bedingung der späteren Leistung und Entwicklung des Kandidaten. Folglich muss man unter dem „Potential" eines Kandidaten mehr verstehen, als das reine Leistungsvermögen (Nuss, 2007). „Die Organisation muss zur Person passen und Mitarbeiter dürfen zumindest nicht im Widerspruch zu den von ihrer Organisation verkörperten Werten stehen." (Nuss, 2007; p.19). Das ist der Grund, weshalb bereits beim Auswahlprozess von Kandidaten neben den relevanten Anforderungsmerkmalen für die Position, verstärkt auf die Werthaltung, das moralische Verständnis und die Integrität eines Bewerbers geachtet werden sollte (Nuss, 2007). Auch die Sozialkompetenz wird im späteren Selektionsprozess ein wichtiger Faktor und ein Kriterium dafür, dass ein Kandidat mit größerer Wahrscheinlichkeit erfolgreich in seiner zukünftigen Position sein wird. Das bedeutet, dass die reinen Qualifikationen und die bisherige Berufserfahrung eines Kandidaten im späteren Auswahlprozess zweitrangig sind. Sie dienen als

Grundvoraussetzungen lediglich einer ersten Vorselektion. „Fit and Skill" – eine Kombination aus weichen und harten Kriterien - machen die Entscheidung für oder gegen einen Kandidaten letztendlich aus (Coverdill, 1998).

Aufgrund all dieser Aspekte, die einen Fit definieren, sammelt ein HH routinemäßig nicht nur Informationen über die potentiellen Kandidaten, sondern auch über seine Klienten bzw. die HR Manager, die am Interview beteiligt sind. In der Interview-Phase ist der Fit zwischen HR Manager und Kandidat wichtiger, als der Fit zwischen Unternehmen und Kandidat. Während letzterer eher mit der Management-Ausrichtung (dem Führungsstil) und der Unternehmenskultur zusammenhängt, ist der Fit zwischen Bewerber und Interviewer abhängig von Gemeinsamkeiten in der Persönlichkeit und dem Hintergrund beider Personen (Coverdill, 1998). Von was sich Entscheidungsträger von Unternehmen (HR Manager bzw. HR Verantwortliche) genau beeinflussen lassen - hinsichtlich psychologischer Aspekte, und inwiefern Personalberater auf die Entscheidung bei der Selektion mit einwirken, soll später geklärt werden. Langfristiges Ziel eines „Matches" ist es, ein Vertrauensverhältnis zwischen Klient und dem neuen Kandidaten aufzubauen. Engagement, Hingabe und Selbstverpflichtung – auch zusammengefasst als „Commitment" sind die Bausteine der anvisierten, positiven Einstellung des neuen Mitarbeiters zum Betrieb des Klienten, sowie dessen Zielen. Diese emotionale Bindung wird auch als Loyalität oder Identifikation beschrieben und ist schließlich das Ergebnis eines perfekten Fits zwischen Kandidat und Unternehmen (Okech, 2012). Alles in Allem geht es bei der Arbeit von Headhuntern nicht ausschließlich um den Match zwischen den Fähigkeiten eines Kandidaten und den Anforderungen der Position in einem Unternehmen. Vielmehr kommt es auf den Fit zwischen Persönlichkeiten und den moralischen und sonstigen Einstellungen auf beiden Seiten an. Dies hat ebenso viel mit der Unternehmenskultur eines Klienten zu tun, zu welcher ein Kandidat passen muss: „[...] organization faces a dynamic and changing environment and requires employees who are able to readily change tasks and move easily between teams, it is more important that employee's personalities fit with the overall's culture than with the characteristics of any specific job." (Sutarjo, 2011, p. 226).

2.2 Externe Personalbeschaffung – ein Überblick

Die Personalbeschaffung im Allgemeinen bezieht sich auf den gesamten Prozess von der Suche bis zur Bereitstellung von Arbeitskräften beim Arbeitgeber (Bhagwati). „[Der Begriff] Recruiting hat sich als englischer Fachbegriff für die Personalbeschaffung in Unternehmen etabliert. [...] Grundlegend geht es darum, den bestmöglichen Kandidaten für den Job zu finden und ihn für den Betrieb zu gewinnen. Unternehmen setzen dabei entweder auf eigene Recruiter oder sie beauftragen Personaldienstleister wie Headhunter oder Personalvermittler." (haufe.de, 2018). Inkludiert sind die Prozesse der Personalsuche und -auswahl, sowie die Prüfung der Übereinstimmung von Qualifikationen des Bewerbers mit dem Anforderungsprofil des jeweiligen Unternehmens. Weiters werden anschließende Maßnahmen zur Einarbeitung und Eingliederung neuer Mitarbeiter in das Unternehmen bzw. den Arbeitsplatz ebenfalls zum Beschaffungsprozess gezählt: „Aufgabe der Personalbeschaffung ist die Beseitigung von personeller Unterdeckung nach Anzahl (quantitativ), Art (qualitativ), Zeitpunkt und Dauer (zeitlich) sowie Einsatzort (örtlich). D.h., die Personalbeschaffung hat das Ziel, die als notwendig ermittelte Zahl an Mitarbeitern bereitzustellen, die den Anforderungsprofilen der vakanten Arbeitsplätze entsprechen und über die für die Stellen erforderlichen Qualifikationen verfügen" (Bhagwati). Die Personalbeschaffung ist ein wichtiger Kernbereich im System der Personalwirtschaft und hat Auswirkungen auf die gesamte Unternehmenssteuerung und, hinsichtlich der anfallenden Kosten, auch Einfluss auf die Finanzplanung, was eine effiziente Personalbeschaffung zwingend notwendig macht. Ein weiterer Punkt ist die Berücksichtigung von arbeitsrechtlichen und betriebsverfassungsrechtlichen Regelungen, sowie im speziellen die Beachtung des AGG (Allgemeines Gleichbehandlungsgesetz). Aufgrund der voranschreitenden Änderungen auf dem Arbeitsmarkt, bedarf es mittlerweile einer aktiven Beobachtung, um auf Entwicklungen frühzeitig zu reagieren. Um die Personalbeschaffung daher möglichst effizient zu betreiben, ist eine Integration der Arbeitsmarktforschung, welche als weiterer Baustein derselben gilt, unerlässlich (Bhagwati).

Die externe Beschaffung von geeigneten Kandidaten ist gerade aufgrund des notwendigen Personalmarketings aufwendiger als die interne Personalbeschaffung - ist aber für die meisten Firmen zwingend notwendig. Sie findet im außerhalb des Unternehmens liegenden Arbeitsmarkt statt. Für den Großteil der KMUs ist es nicht möglich, Personal aus den eigenen Reihen zu beziehen. Der Grund ist, dass die Mitarbeiteranzahl eine der häufigsten Beschränkungen darstellt, die Ausbildungskapazitäten für die erforderliche Position intern nicht existieren, oder nach einer internen Besetzung durch Beförderung die alte Position ebenso neu besetzt werden muss. Langfristig kann kaum ein Unternehmen auf eine externe Personalbeschaffung verzichten (Weber, 2011). Es gibt vielfältige externe Beschaffungswege und -methoden. Die gängigste Form, die für diese Arbeit relevant ist und, die üblicherweise von den meisten Unternehmen praktiziert wird, ist die externe, aktive (direkte) Personalbeschaffung: Die Schaltung von Stellenanzeigen in Online-Stellenbörsen zählt zu den häufigsten Methoden (Weber, 2011). Die direkte Kandidatensuche oder -ansprache kann auch durch soziale Netzwerke (wie Xing oder Linkedin), Mitarbeiter-Netzwerke (nur für große Unternehmen sinnvoll), Personalvermittlungen, Arbeitsagenturen, und Personalberater erfolgen (Schulz, 2014). Soziale Netzwerke wie Xing oder Linkedin sind bei vielen Unternehmen sehr beliebt, um nach neuen Mitarbeitern Ausschau zu halten - allerdings bedarf es auch hier einer gezielten und effektiven Ansprache der richtigen Zielgruppe, was den Unternehmen äußerst viel Zeit, Geld und sonstige Unternehmens-Ressourcen kostet (Schulz, 2014). Gerade wegen der Zeit- und Kostenintensität, zahlt es sich mittlerweile in den meisten Fällen aus, auf die Unterstützung von Personalberatern bzw. Headhuntern zu setzen. Diese sind mit allen gängigen und relevanten Tools und Instrumenten vertraut (Methodenkompetenz), die für eine effiziente, rasche Personalsuche nötig sind (Schulz, 2014). Darüber hinaus, bieten die meisten HH auch unterschiedliche Beratungsleistungen - nicht nur in Belangen der Personalsuche und -auswahl, sondern auch in den Bereichen Employer Branding und Personalmarketing (index HR-Marketing). Das Image des Unternehmens als attraktiver Arbeitgeber ist gerade auch in Internet wichtig und bezieht sich auf die wertmäßige Einschätzung einer Firma und ist ein wichtiger Erfolgsfaktor. „Je attraktiver ein Unternehmen am Arbeitsmarkt wahrgenommen wird umso mehr, auch sehr gute Eigenbewerbungen wird es erhalten" (Weber, 2011, p.17). Potenzielle Bewerber nehmen viele verschiedene Faktoren wahr, die vom Unternehmen durch aktive Eigenwerbung beeinflusst werden können. Zu den wesentlichen Faktoren zählen Personalpolitik, Firmengröße, Standort oder das Produkt. Aber auch die Branchenzugehörigkeit und der subjektiv wahrgenommene Auftritt in der Öffentlichkeit sind wesentliche Image-Faktoren. Daher gehört Employer Branding ebenfalls zu den wichtigsten Methoden der externen, aktiven Personalbeschaffung (Stülb von Klimesch and Klimesch, 2014). Es kommt hierbei besonders darauf an, das eigene Unternehmen attraktiv zu vermarkten und die Arbeitgebermarke effektiv hervorzuheben, um potentielle Bewerber auf sich aufmerksam zu machen. Doch abhängig von all diesen Umständen, können

Unternehmen auch mit einer noch so guten aktiven Eigen-Bewerbung scheitern(Stülb von Klimesch and Klimesch, 2014): „Mit dem zunehmenden Bedarf an gut ausgebildeten Fach- und Führungskräften (Folge aus dem Trend zur Wissensgesellschaft) und der rein mengenmäßigen Abnahme an Erwerbstätigen (Folge des demografischen Wandels) verlieren die alten Werkzeuge (Stellenausschreibung) und Auswahlverfahren ((E-)Recruiting) an Wirksamkeit. Gut ausgebildete, qualifizierte und selbstbewusste Fach- und Führungskräfte verhalten sich heute wie die Executives vor 60 oder 70 Jahren. Sie reagieren kaum oder gar nicht auf Stellenausschreibungen, egal ob Internet oder Print." (Stülb von Klimesch and Klimesch, 2014, p. 26). Die Personalberatungsbranche setzt auf sehr viel Face-to-face Kontakt mit Kunden und Kandidaten, sowie auf enge, persönliche Beziehungen mit allen Geschäftspartnern (Mertzanopoulos, 2014). Da sich die vielschichtigen Probleme, die sich heutzutage bei der Personalbeschaffung ergeben, nicht allein durch Digitalisierung und Social Media lösen lassen, macht es HH und Personalberater zu den zukünftig wichtigsten Optionen in der aktiven, externen Personalbeschaffung (Furkel, 2017).

Bei der externen Personalbeschaffung, bzw. in der späteren Personalauswahl können Wahrnehmungsverzerrungen auftreten (auch als Wahrnehmungsfehler, Beurteilungsfehler oder Kognitive Verzerrungen bezeichnet), die das Urteilsvermögen von den interviewenden HR Managern oder HR Verantwortlichen hinsichtlich eines potentiellen Kandidaten beeinträchtigen können. Beurteilungsfehler treten bei der Personalauswahl vor allem im Rahmen unbewusster Verfälschungen bei Beurteilern auf („Könnens-Probleme") (Becker and Fred). „Wenn man in der Psychologie von einem Wahrnehmungsfehler spricht, häufig auch kognitive Verzerrung genannt, handelt es sich in erster Linie um falsche oder ungenaue Wahrnehmungen bzw. Eindrücke von Personen, Dingen und Situationen, die uns zu irrationalen Urteilen führen.". Der englische Begriff des „cognitive bias", was so viel wie „Neigung", „Befangenheit" heißt, bezieht sich auf die einseitigen und befangenen Wahrnehmungen, aus denen Menschen falsche Schlüsse ziehen (soft-skills.com). In der Meinungsforschung wird Bias auch als Verzerrung des Ergebnisses aufgrund falscher Untersuchungsmethoden bezeichnet (Okech, 2012). Bias tritt unbewusst auf und lässt sich nur durch viel Reflexionsarbeit und methodischer, strategischer Vorgehensweise in der Personalselektion kontrollieren (Stockhausen, 2014). Zum Bias zählen mittlerweile eine ganze Reihe unterschiedlicher Phänomene und Effekte, die im Unterbewusstsein stattfinden und die Personalentscheidung wesentlich beeinflussen können (soft-skills.com). Eingehende Recherchen und Studien haben gezeigt, dass verschiedenste, persönliche Variablen die ethische Wahrnehmung von Individuen verzerren können. Dazu zählen Alter, Geschlecht, Ausbildungslevel, Jahre an Berufserfahrung, Kontrollüberzeugung, Machiavellismus sowie soziale Erwünschtheit, etc. (Lim and Chan Claudia, 2001). Welche Wahrnehmungsverzerrungen und unbewusste Übertreibungen bei der externen Personalbeschaffung unter Zuhilfenahme von Personalberatern auftreten können bzw. laut Angaben in der Sekundärliteratur häufig von Personalberatern zu beobachten sind, wird später genauer betrachtet. Zunächst soll folgende Grafik einen Überblick der möglichen Ausprägungen geben (Becker and Fred):

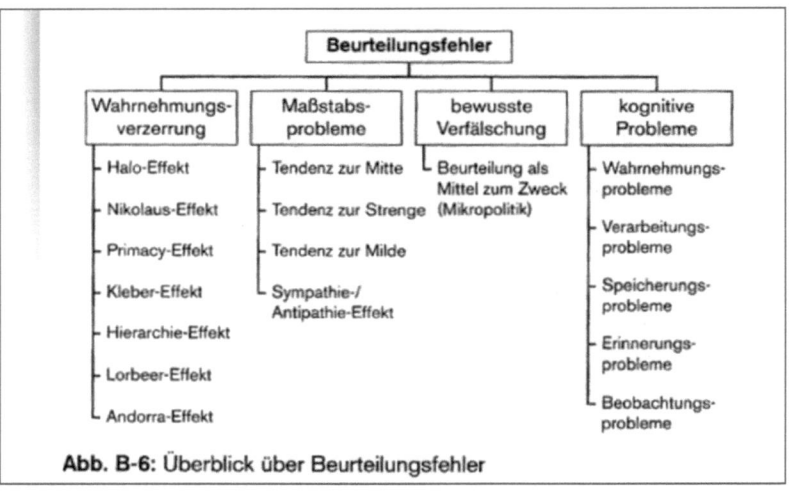

Abbildung 1: Überblick über Beurteilungsfehler
Quelle: Becker, Fred G.: Lexikon des Personalmanagements. Über 1000 Begriffe zu Instrumenten, Methoden und rechtlichen Grundlagen betrieblicher Personalarbeit. 2. Aufl. DTV-Beck 2002.

2.3 Headhunter bzw. Personalberater

Hinter diesem Begriff stehen Personalberater, die im Auftrag eines vorerst ungenannten Unternehmens auf verschiedenen Wegen, z.B. über Kontakte, per Telefon u.a. Fach- und Führungskräfte suchen. Sie überprüfen die Kompatibilität zur suchenden Firma und testen die Kandidaten nach diversen Kriterien. (Leshel, 2002, p. 3). Weitere Bezeichnungen für Headhunter (HH) sind „Kopfjäger" oder „Executive Search Consultants". (Hofmann and Steppan, 2011). Auch wenn der Begriff

„Headhunter" oft synonym zu Personalberater verwendet wird, wird er von letzteren aufgrund seines „populistischen Anstrichs" meist gemieden. Tatsächlich deckt das Headhunting an sich nur einen kleinen Teil des Leistungsumfangs von Personalberatern ab. Personaldienstleister grenzen sich häufig von Headhuntern ab, da sie sich durch elementare Unternehmensberatung und Leadership Advisory von ihren Konkurrenten abheben. Ihren Mehrwert sehen sie dabei auch in der Sicherstellung des weiteren Unternehmenserfolgs ihrer Klienten (Naumann, 2011). Der Einfachheit und Lesbarkeit zuliebe, und weil es keine klare Abgrenzung der Bezeichnungen gibt, gelten die Begriffe in dieser Arbeit als gleichbedeutend. Ein Grund dafür, dass Executive Search Unternehmen nicht als Headhunter bezeichnet werden wollen, ist folgender: Vielen klingt der Begriff Headhunting zu aggressiv und sie wollen nicht als Kopfgeldjäger gesehen werden, „die im Auftrag von Unternehmen A Konkurrent B einen Mitarbeiter abspenstig machen [...]." (Naumann, 2011, p. 9). „Headhunter oder Personalberater ist zunächst kein geschützter Begriff und kein Ausbildungsberuf. Nicht nur in Deutschland ist diese Branche recht heterogen, manchmal auch deren Arbeitsweisen. Auch das Spektrum der moralischen Verankerung geht (leider) weit auseinander. [...] Es gibt so gut wie keine Hürden für Neueinsteiger. Zu zahlreichen Ein-Mann-Betrieben gesellen sich viele mittelständische Firmen und ein paar große, global agierende Suchkonzerne. [...] Die Consultingfirmen unterscheiden sich in ihrer Organisation und Arbeitsweise. Es gibt locker geknüpfte Netzwerke, straff geführte, integrierte Konzerne und zahlreiche Boutiquen. Einige Firmen konzentrieren sich auf bestimmte Branchen oder Berufsgruppen, andere verstehen sich als Generalisten und suchen Manager für fast jeden Klienten in fast jeder Branche." (Stülb von Klimesch and Klimesch, 2014; p.44-45).

Eine relevante Unterscheidung besteht auch zwischen HH, die auf Erfolgsbasis arbeiten und vom Auftraggeber nur das vereinbarte Honorar erhält, wenn eine Einstellung erfolgreich war, - ein passender Kandidat gefunden wurde - und den HH, die bereits zu Beginn vergütet werden. Das bedeutet, dass ersteren der Aufwand und alle Kosten die ihnen während des Suchprozesses entstanden sind, nicht erstattet werden, wenn kein geeigneter Mitarbeiter gefunden wurde. Die andere Art von HH erhält bereits im Voraus, d.h. vor der Ausführung der Dienstleistung ein Teil des Honorars, auch wenn der Klient keinen Kandidaten einstellt (Coverdill, 1998). Die zweite Variante der Executive Search bezieht sich fast ausschließlich auf die Suche von Spitzenkräften in den obersten Rängen, bei denen das Jahresgehalt mindestens 50.000 Euro beträgt (Finlay, 2007). Die Art der Bezahlung von HH kann, je nach moralischer Einstellung des Einzelnen, auch Einfluss auf die angewandten Arbeitsweisen haben: „There exists, however, a structural difference between the two main types of executive search companies, which affects their activity and, consequently, moral assessments. The companies getting paid only when an employee recruited by them has been hired and the companies being paid for performing services operate according to different remuneration criteria and at different remuneration levels. These structural conditions affect the manner in which candidates are sought and the quality of search." (KONECKI, 1999, p. 557). HH, die auf Erfolgsbasis arbeiten gehen ein höheres Risiko ein, als ihre Kollegen, die eine fixe Vergütung für ihre DL erhalten und es besteht die Möglichkeit, dass sie am Ende nicht bezahlt werden. Die Folge ist, dass viele versuchen so viele Kandidaten wie nur möglich in kürzester Zeit zu „verkaufen". „A rapid search process or also the practice of 'selling a candidate by all means' do not always lead to a high quality of the headhunters' work, and it can lower the effectiveness of their work in future." (KONECKI, 1999, p. 557).

„Executive Search – die systematische Direktsuche ohne Zuhilfenahme von Anzeigen – ist eine ausgefeilte, hoch entwickelte Dienstleistung." (Hofmann and Steppan, 2011, p. 9). Weitere Bezeichnungen für Executive Search sind Headhunting, Direct Search bzw. Systematic Search (Leshel, 2002). „Folgende Definition findet man im Wirtschaftslexikon: ‚Headhunting ist die gezielte Abwerbung von Mitarbeitern aus anderen Unternehmen unter Einschaltung darauf spezialisierter Personalberater. Erschlossen wird ein Mitarbeiterkreis, der sich ohne direkte Ansprache nicht auf eine Stelle bewerben würde.'" (Naumann, 2011, p. 9). „Executive Search steht für eine ganz bestimmte Dienstleistung im Rahmen der Besetzung von Führungspositionen beziehungsweise von Spezialisten. Die Kandidaten werden vom „Headhunter" (so die eingebürgerte umgangssprachliche Bezeichnung) direkt angesprochen." (Mertzanopoulos, 2014, p.33). In Österreich begegnet man häufig Personalberatern, die häufig auch auf das Instrument der anzeigengestützten Suche zurückgreifen (Online-Inserate), was aber mit Executive Search in seinen Ursprüngen wenig zu tun hat. Die Grenzen verschwimmen hier häufig. „Executive Searcher" sind in Österreich weniger bekannt, da sie sich durch ihr Denken und ihrer Ethik eher mit Anwälten und Wirtschaftsprüfern vergleichen. Da diese Arbeit die Headhunter– und Personalberatungsbranche als Gesamtheit betrachtet, sind die genauen Unterschiede hier zu vernachlässigen. Aus dem Vergleich zahlreicher Quellen wurde entnommen, dass die Arbeits- und Denkweisen von Personalberatern und Headhuntern sehr viele Überschneidungen aufweisen, sodass man diese im Rahmen der externen Personalbeschaffung zu einem Gesamtbild zusammenfassen kann (Mertzanopoulos, 2014). „Eine gesetzliche Definition [der Executive Search] existiert nicht. Die Rechtsprechung versteht unter Abwerbung, dass jemand ernstlich, mittelbar oder unmittelbar, nachhaltig auf einen arbeitsvertraglich gebundenen Arbeitnehmer einwirkt mit dem Ziel, ihn zu veranlassen, ein neues Arbeitsverhältnis mit dem Abwerbenden oder einem Dritten einzugehen. Im Rahmen des Headhuntings bringen Personalberater, die sich im Markt bzw. in der Branche auskennen, Angebot und Nachfrage zusammen. Sie suchen für Unternehmen geeignete neue Mitarbeiter oder im Auftrag von Fachkräften potenzielle Arbeitgeber." (Fink and Schmid, 2012; p.518). Die ursprünglichen Mittel des Arbeitsmarktes, wie z.B. Stellenanzeigen in Zeitungen, Fachmagazinen und auf der Internetseite des Unternehmens, Personalmessen oder die Meldung freier Stellen bei der Agentur für Arbeit, zählen nicht zum Headhunting (Fink and Schmid, 2012). Auch wenn es einige als illegal oder unzulässig ansehen, gilt das Headhunting und die mit inbegriffene Abwerbungspraxis als Teil des freien Wettbewerbs (Fink and Schmid, 2012). Was offiziell als wettbewerbswidrig und unmoralisch gilt, wird im 5. Kapitel näher erläutert.

Laut Aussagen eines Headhunters haben die Unternehmen der Branche ihr Dienstleistungs- Angebot in den letzten Jahren weiter ausgeweitet, welches jetzt auch häufig Management Audits, Interimsmanagement, Onboarding und Leadership Consulting beinhaltet (Hofmann and Steppan, 2011). Executive Search beschreibt im Wesentlichen die Suche und Auswahl von qualifizierten Führungskräften, wobei der Headhunter alle Funktionen übernimmt, die üblicherweise in den Tätigkeitsbereich des internen Recruitings fallen. Dies umfasst eine genaue Erstellung vom Anforderungsprofil des gesuchten Kandidaten, die Formulierung und Platzierung der Inserate, sowie die anschließende Durchführung des Auswahlprozesses (Naumann, 2011). Ursprünglich bezieht sich der Begriff des Headhuntings auf die gezielte Abwerbung von Führungs- und Fachkräften oberster Führungsebenen, jedoch kommen Headhunter aktuell auch bei der Besetzung von (Führungs-)Positionen in unteren Ebenen zum Einsatz. Gerade bei Spezialisten- und fachspezifischen Positionen ist der Bedarf an professioneller Unterstützung durch sie gestiegen. Häufig entsteht der Irrtum, dass Führungskräfte nur von größeren Unternehmen gesucht werden und Headhunter bzw. Personalberater nur durch selbige beauftragt werden. Tatsächlich werden Führungskräfte auch von KMUs dringend benötigt. Zum besseren Verständnis kann man drei Hierarchie-Ebenen unterscheiden: In der obersten Führungsebene werden hauptsächlich

Vorstände, Geschäftsführer und Direktoren angesprochen. In der mittleren Ebene werden vorwiegend Abteilungsleiter, leitende Stabskräfte und Filialleiter gesucht, während in der unteren Führungsebene aktuell immer mehr Teamleiter, Assistenten, qualifizierte Fachkräfte, Meister und Vorarbeiter ausfindig gemacht werden (Leshel, 2002). Damit lässt sich erkennen, dass die Bandbreite der von Personalberatern gesuchten Zielgruppe in den letzten Jahren deutlich zugenommen hat.

Da die meisten guten Bewerber nicht mehr mit gewöhnlichen Methoden angesprochen werden können, setzen Headhunter nach wie vor hauptsächlich auf die persönliche, aktive Direktansprache. Dabei werden Kandidaten zunächst in diversen Medien wie Verzeichnisse, Nachschlagewerke und persönliche Netzwerke identifiziert. Daraufhin werden sie direkt kontaktiert, um herauszufinden, ob diese nicht nur geeignet sind, sondern auch bereit dazu, den derzeitigen Arbeitsplatz zu wechseln. Da es bei der Arbeit von Headhuntern allerdings nicht immer nur um direkte Abwerbung geht, werden auch gewöhnliche Zeitungsinserate und Jobbörsen durchsucht und passende Kandidaten kontaktiert, die nicht zwangsläufig in einem Beschäftigungsverhältnis stehen. Weitreichende Netzwerke und Geschäftsbeziehungen werden intensiv genutzt, um die richtigen Personen zu rekrutieren (Naumann, 2011). Bei Erreichen einer bestimmten Anzahl an passenden Kandidaten, werden die Profile verglichen, ausgewertet und dem jeweiligen Unternehmen präsentiert (Leshel, 2002). Insgesamt lässt die Executive Search bzw. die Direktsuche als „ein möglichst systematischer Identifikations- und Research-Prozess der den Pool potentieller Kandidaten sukzessive einschränkt", beschreiben (Leshel, 2002, p. 11). Neben der Identifizierung von potentiellen Kandidaten, werden ebenso genaue Markt- und Wettbewerbsanalysen durchgeführt. Die häufigsten, erbrachten Leistungen durch Personalberater umfassen das Erarbeiten einer Aufgabenstellung bzw. Stellenanforderung und die organisatorische Einordnung einer Stelle (normalerweise mit dem Klienten gemeinsam), das Formulieren und die Gestaltung von Inseraten, sowie die Überprüfung und Bewertung der eingehenden Bewerbungsunterlagen. Im Anschluss daran führen Personalberater auch Bewerbergespräche und deren Auswertung durch, wirken danach üblicherweise bei den eigentlichen Vorstellungsgesprächen bei ihren Klienten mit und beraten diese bei der finalen Entscheidung. Insgesamt soll „Durch die Mitwirkung geeigneter Personalberater [...] das Risiko von personalwirtschaftlichen Fehlentscheidungen minimiert und dem Unternehmen neue Ideen von außen zugeführt werden. Vielfach verfügen sie durch ihre Zusammenarbeit mit einer Vielzahl von

Unternehmen über weitreichende Kenntnisse, Fertigkeiten und Erfahrungen" (Olfert, 2008, p.1).

Executive Search ist keinesfalls mit einer Personalvermittlung zu verwechseln, bei der der Vermittelnde lediglich Lebensläufe sammelt und dann weiterverschickt – mit oder ohne Kenntnis der betroffenen Kandidaten (oft auch als CV-Trading bezeichnet). Dies hat nichts mit dem klassischen Headhunting zu tun, was eine aktive Handlung beschreibt, bei der der HH Kandidaten ausfindig macht, auf sie zugeht und alle Parteien berät. Außerdem arbeiten HH nur bei Beauftragung durch einen Klienten (Stülb von Klimesch and Klimesch, 2014).

Der Begriff „Professional Search" leitet sich aus dem gängigen Begriff der Executive Search ab (die systematische Direktsuche ohne die Zuhilfenahme von Anzeigen), die ebenfalls als eine ausgefeilte und hochentwickelte Form Dienstleistung anzusehen ist. Von der Executive Search unterscheidet sie sich darin, dass nicht nur die oberste Ebene der DAX 30 Unternehmen damit adressiert wird, sondern auch Spezialisten und andere Führungskräfte (Professionals) aus den niederen Rängen (Middle/ Lower Management) (Stülb von Klimesch and Klimesch, 2014). Beim Professional Search Ansatz geht es mehr um die Menschen bzw. die beteiligten Akteure: Das Interagieren von Kandidaten (Professionals) und der Unternehmen. Beide Parteien wollen die jeweils andere Partei zu etwas bewegen und motivieren. Statt aus der rein betriebswirtschaftlichen Sicht des homo oeconomicus, wird der Prozess der Mitarbeitergewinnung – und damit die beteiligten HR Manager, als auch die umworbenen Professionals - aus der Sicht des homo sociologicus betrachtet (Stülb von Klimesch and Klimesch, 2014). „Den [...] Ausführungen zum Professional Search liegt ein bestimmtes, vielleicht neumodischen, vielleicht der Sozialromantik entlehntes Menschenbild vor." (Stülb von Klimesch and Klimesch, 2014; p.57-58). Professional Search versteht sich als eine abgewandelte Methode der Executive Search und als Reaktion auf die Veränderungen am Arbeitsmarkt hinsichtlich Personalverknappung der Erwerbsfähigen, dem erhöhten Bedarf an ausgebildeten Führungs- und Fachkräften aufgrund des Eintritts in die Wissens- und Kreativgesellschaft, und dem steigenden Selbstbewusstsein der Professionals. Gerade für die moralisch-ethische Behandlung der umworbenen Kandidaten und das angemessene Verhalten von allen am Einstellungsprozess Beteiligten spielt dieser Ansatz in der Executive Search durch Personalberater eine entscheidende Rolle.

2.4 Ethik und Moral

Bevor die Bedeutung von Ethik im HH Business näher erläutert wird, sollen die Begriffe Ethik und Moral kurz definiert und ein Überblick über die Gründe für ein unterschiedliches Ethikverständnis aufgezeigt werden: Ethik bezieht sich eher auf das Faktische, während Moral auf das Vernünftige anspielt. „Die Ethik ist die Wissenschaft von den methodisch nachvollziehbaren Begründungen moralischen Handelns, oder allgemeiner: die Untersuchung von Begründungsstrategien auf die philosophische Basisfrage: Was sollen wir tun? Die Ethik bzw. Praktische Philosophie, von der es seit der Antike eine Vielzahl an ‚Ansätzen' gibt, will dadurch bloße moralische ‚Meinungen' von methodisch begründbaren Urteilen unterscheiden." (Löhr, 2016, pp. 138). Ethik im Allgemeinen sucht daher mithilfe der analytischen (beschreibenden) bzw. mit der normativen (vorschreibenden) Ethik, nach Begründungen für moralisches Verhalten (Löhr, 2016). „Des Weiteren ist Ethik die Lehre vom richtigen Handeln gemäß der Unterscheidung von ‚gut' und ‚böse'. Daher werden in der Ethik auch Kategorien entwickelt, die für menschliches Handeln entwickelt wurden, wie Ziele (Absichten, Präferenzen, Motive) und Mittel (Instrumente) vor allem aber auch Rationalität, Nebenwirkungen sowie Gegebenheiten (Daten), Verdienst und Schuld sowie Gewissen und Verantwortung. Ethik wird somit auch als Handlungstheorie gesehen. (Vgl. Gaertner 1998, S. 20) Das Erkenntnisinteresse der Ethik gilt der begrifflichen Durchdringung und der Begründung verantwortungsvollen Handelns (Vgl. Bickle 1998, S. 5). [...] Dagegen gehört es zu den originären Aufgaben der Ethik moralische Berechtigungen zu problematisieren, das eigene moralische Bewusstsein aufzuklären, zum Erwerb moralischer Kompetenz aufzufordern sowie Handlungen und Verhaltensweisen argumentativ zu begründen und zu rechtfertigen. (Vgl. Pieper 1998, S. 7ff.) Insgesamt geht es also beim Thema Ethik vorrangig um Verantwortung." (Nuss, 2007; p.5-6). „Moral bezeichnet die Gesamtheit jener Werte und Normen, die durch eine faktische gemeinsame Anerkennung der Menschen eines Kulturkreises als verbindlich angesehen werden. [...] Normen stellen dabei [...] Aufforderungen zu bestimmten Handlungsweisen dar (Sollenssätze), Werte inhaltliche Leitvorstellungen über das, was Menschen eines Kulturkreises oder in einer Institution für bedeutsam halten (Seinssätze). Die Moral als Werte- und Normenmaßstab regelt das Verhältnis des Menschen zu sich, zu seinen Mitmenschen, zur Gesellschaft und zur Natur, indem sie hilft, selbstbestimmt das Richtige zu tun." (Löhr, 2016, pp. 136–137). Werte setzen sich aus Verhaltensweisen, Zielen, oder auch aus Mittel und Zweck von Individuen zusammen (Herrmann et al., 2004).

Im Rahmen dieser Arbeit, wird das ethische Verständnis aller Akteure hauptsächlich von ihrer Branche geprägt und ihrer Unternehmenskultur. Das ethische Klima innerhalb von Organisationen oder ganzen Wirtschaftsbranchen durchzieht alle Geschäftsbereiche und bestimmt, wie unternehmerische Entscheidungen getroffen werden. Das ethische Klima ist eine unter allen Akteuren geteilte Ansicht darüber, was als richtig gilt. Innerhalb eines Unternehmens setzt sich das ethische Verständnis aus den Vorstellungen aller Mitglieder über typische Unternehmenspraktiken - und Prozesse zusammen, sowie aus der Auffassung von ethischen Normen. Die Normen geben vor, wie auf moralische Angelegenheiten zu reagieren ist. Bei einem starken ethischen Unternehmensklima ist es wahrscheinlicher, dass sich die Mitglieder an den Normen ihrer Organisation orientieren und moralischer handeln, als es bei Unternehmen ohne Ethikmanagement der Fall wäre (Bartels et al., 1998).

In Unternehmen kommt Ethik auf drei verschiedenen Ebenen zum Tragen: Auf der Unternehmensebene im Rahmen der Organisationsentwicklung, auf der Führungsebene, und auf der Mitarbeiterebene (bzgl. Personaldiagnostik, - und Auswahl) (Nuss, 2007). Die Unternehmensethik befasst sich daher mit ethischem Handeln innerhalb der gesamten Unternehmung, indem sie Grundwerte in sämtliche Bereiche der Unternehmenstätigkeit integriert. Somit werden auch alle Entscheidungen mit Rücksicht auf die Unternehmensgrundwerte getroffen (Nuss, 2007). Dazu zählen natürlich auch Personalentscheidungen. Die Ethik des gesamten Personalmanagements wird als Teil der Unternehmensethik verstanden (Nuss, 2007). „Die Aufgabe der Unternehmensethik ist die Reflexion unternehmerischen Handelns vor dem Hintergrund der Moral. Sie bedarf zur Durchführung sowohl struktureller, kultureller wie auch personeller Voraussetzungen. Bei der strukturellen Voraussetzung wird vom organisatorischen Aufbau und Ablauf eines Unternehmens ausgegangen. Bei den personellen Voraussetzungen sieht es so aus, dass in erster Linie die unterschiedlichen moralischen Urteilsstrukturen der Menschen in Einklang gebracht werden müssen." (Nuss, 2007; p.8). Bei der moralisch korrekten Beurteilung von Kandidaten, können HH den HR Verantwortlichen durch ihre Expertise und Objektivität assistierend zur Seite stehen, als auch auf deren - eventuell vorschnell getroffenen Entscheidungen - einwirken. Dies wird später im vierten Abschnitt genauer beleuchtet.

Hinsichtlich der zusätzlichen Beratungsleistungen im Employer Branding und Personalmarketing, kommt es darauf an, dass HH mit dem Klienten ein Unternehmenskonzept (auf Unternehmensebene) erarbeiten können, das ethische

Werte reflektiert und mit sozialer Verantwortung in Einklang steht. Der Wettbewerb wird heute vorrangig auf den Personalmärkten entschieden und das Image eines Unternehmens hat direkten Einfluss auf den Bewerberpool und darauf, inwiefern das Unternehmen attraktiv für potentielle Kandidaten ist (Nuss, 2007). „Qualifizierten und ethisch sensibilisierten Personen ist es meist wichtig, in einem Unternehmen zu arbeiten, das von einer sozial- und umweltverträglichen Verantwortungsethik geprägt ist." (Nuss, 2007; p.4). Der Umgang mit Ethik wird aber nicht nur beim Unternehmensimage und dem Personalmarketing wichtig, sondern vorrangig bei der Gestaltung des gesamten Auswahlverfahrens, in dem die potentiellen Kandidaten direkten Kontakt mit dem Klienten haben (Mitarbeiterebene). Hier kommt es darauf an, dass der Personalberater mit moralisch konformen, und strukturierten Methoden dem Klienten bei der Auswahl zu Seite steht. Der Bewerbungsprozess prägt den Eindruck des Kandidaten vom Unternehmen maßgebend (Candidate Experience). Die Selektionsinstrumente müssen in den Augen der Kandidaten angemessen sein und gesellschaftlich wünschbares Verhalten vermitteln (Nuss, 2007). „Also gibt die Art und Weise der Personaldiagnostik Auskunft über das unternehmerische Selbstverständnis, macht deutlich, welche Leute ein Unternehmen anziehen möchte und lässt Rückschlüsse auf die Unternehmenskultur zu. " (Nuss, 2007, p. 4). Egal, ob nun ein Kandidat eingestellt wird oder nicht, zählt es weiterhin, wie er während des Bewerbungsprozesses behandelt wurde. Auch die Art und Weise bzw. die Gründe einer Ablehnung sind ausschlaggebend und können den Ruf des Unternehmens nachhaltig schädigen, wenn sie ethische Grundsätze (z.B. im Sinne der Diskriminierung oder der Transparenz) verletzen (Nuss, 2007).

Ethische Grundsätze sind wesentlicher Bestandteil der Unternehmenskultur und daher nicht nur für das Unternehmen des Klienten relevant, sondern auch für die Personalberater und HH selbst (Nuss, 2007). „Diese Leitsätze oder Prinzipien werden nur dann erfolgreich angewendet, wenn sie auf fundamentalen Grundeinstellungen und Werten der verantwortlichen Akteure basieren. Diese Grundeinstellungen und Werte sind das in der Kultur des Unternehmens verankerte Menschenbild [...]. Sie wirken sich in unterschiedlichen Mischungsverhältnissen in den einzelnen Leitsätzen aus, während die Leitsätze wiederum den Prozess und die Methoden und Instrumente des [...] Headhuntings beeinflussen." (Thomas, 2016, p. 132).

3 Ethischer Spielraum in der Personalberatung

3.1 Rechtliche Bestimmungen bei der Executive Search

Das ethische Verhalten von Personalberatern wird auch im Wesentlichen von den gesetzlichen Richtlinien bestimmt (Fink and Schmid, 2012). Daher ist es wichtig, einmal zu klären, was offiziell legal ist, und was nicht, bevor man ein Urteil über das Ethik-Verständnis innerhalb der HH Branche fällt. Gemäß den Bestimmungen des Gesetzes gegen den unlauteren Wettbewerb UWG (§§ 3, 4 UWG), ist eine Abwerbung grundsätzlich legal und damit rechtlich erlaubt, solange die Abwerbungsmaßnahmen nicht unlauter bzw. wettbewerbswidrig sind. Erst wenn die Begleitumstände einen verwerflichen Zweck beinhalten (beispielsweise die absichtliche Schädigung anderer Marktteilnehmer), kann ein Unternehmen rechtlich belangt werden. Das ist nicht der Fall, wenn lediglich die Stärkung der eigenen Leistungsfähigkeit beabsichtigt ist. Die Grenzen sind überschritten, wenn die Abwerbung mit folgenden Absichten geschieht (Fink and Schmid, 2012):

1. Die Wirtschaftlichkeit eines Mitbewerbers soll gezielt geschädigt werden,
2. Es wird versucht, damit an Geschäfts- und Betriebsgeheimnisse eines Konkurrenten zu kommen,
3. Es wird versucht, einem Konkurrenten nicht nur einen Mitarbeiter, sondern die Kunden gleich mit abzuwerben,

Weiters gilt eine Abwerbung ebenfalls als unzulässig, wenn sie mit folgenden rechts- und sittenwidrigen Methoden vorgenommen wird:

1. Verwerfliche Willensbeeinflussung des Kandidaten durch täuschende oder unwahre Angaben über den künftigen Arbeitgeber oder die Stelle
2. Herablassende, unsachliche Äußerungen und falsche Behauptungen über den bisherigen Arbeitgeber
3. Verleitung eines potentiellen Kandidaten zum Vertragsbruch (Beispiele: Nichteinhaltung der Kündigungsfrist oder Provokation von Schlechtleistungen)
4. Verleitung von Kandidaten zur Doppelbeschäftigung beim bisherigen und dem zukünftigen Arbeitgeber

5. Verführen eines potentiellen Kandidaten mit Prämien oder Rabatten
6. Verwendung von „Cover-Stories", um durch die Betriebsorganisation eines Unternehmens an unbekannte Fachkräfte zu kommen

Unter Cover-Story versteht man Vorwände, die benutzt werden, um am Telefon (o.ä. Erstkontakt) über Sekretäre oder andere Mitarbeiter eines Unternehmens zu Fach- und Führungskräften weitergeleitet zu werden, die nach außen hin nicht sichtbar sind. Auf Firmen-Homepages finden sich zwar oft die Kontaktdaten Firmenangehöriger, jedoch scheinen gerade die für HH interessanten Kandidaten selten dort auf. „[...] bspw. Controller, Personal- oder Logistikleiter, Entwicklungsingenieure sowie IT-Spezialisten, lassen sich hingegen regelmäßig nicht der Website entnehmen." (Fink and Schmid, 2012, p. 520). Es gilt als wettbewerbs- und sittenwidrig Personen an ihrem Arbeitsplatz auszuforschen, da Betriebsmittel wie vertrauliche Daten als schützenswert eingestuft werden (Fink and Schmid, 2012).

Abwerbungsversuche über Telefon, Email, und Internet sind grundsätzlich – auch am Arbeitsplatz des umworbenen Kandidaten – erlaubt, insofern die genannten Methoden unterlassen werden und die Kontaktversuche in Ausmaß und Anzahl verhältnismäßig sind (Fink and Schmid, 2012). Diese gesetzlichen Bestimmungen über Abwerbung gelten in Österreich und Deutschland. Innerhalb dieses Rahmens ist die Direktsuche sowohl durch direkte Mitbewerber, als auch durch Dritte wie Personalberater und Headhunter erlaubt. Es wurde vom UWG beschlossen, dass in erster Linie die Interessen der Akteure gegeneinander abzuwägen sind: Erstens, das Interesse des Personalberaters (die Vermittlung von Arbeitskräften), das Interesse des Auftraggebers (Abwerbung von Arbeitskräften), das Interesse der betroffenen Mitarbeiter (Beruf und das Recht, den Arbeitsplatz frei zu wählen), sowie das Interesse des aktuellen Arbeitgebers (Weiterbeschäftigung des Mitarbeiters, kein unlauterer Wettbewerb). Gemäß der Entscheidung des UWG ist das Anbieten von vorteilhaften Arbeitsbedingungen und die Veranlassung einer ordentlichen Kündigung erlaubt, insofern es nicht unter sittenwidrigen Umständen geschieht. Als Rahmen ist ein kurzer telefonischer Kontakt (auch am aktuellen Arbeitsplatz des Kandidaten) angesetzt, innerhalb dessen neben einer kurzen Beschreibung der Stelle, lediglich nach Interesse an einer neuen Stelle und einer Kontaktmöglichkeit gefragt werden darf. Der Telefonkontakt muss sich auf das Notwendigste beschränken, mit dem Ziel ein Treffen außerhalb des derzeitigen Arbeitsumfeldes des Kandidaten zu arrangieren (Fink and Schmid, 2012)

3.2 Das brancheninterne Ethik-Verständnis: Erklärungsansätze und Ethik-Kodex

Als externe Dienstleister sind HH nicht nur für ihre eigenen Geschäftstätigkeiten verantwortlich, sondern haben auch - unabhängig von gesetzlichen Vorschriften - gegenüber Klienten und Kandidaten eine moralische Verantwortung (KONECKI, 1999). Situativ betrachtet befinden sie sich in einem Netzwerk aus den eigenen Normen und denen der Klienten, als auch zwischen gesetzlichen Vorschriften und dem Ethik-Kodex der Branche. Personal betrachtet müssen sie nicht nur ihren eigenen Wertvorstellungen und Leitbildern gerecht werden, sondern auch denen der Klienten und Kandidaten (KONECKI, 1999). Personalberater und HH tragen immer stärker zu einem guten Funktionieren des Arbeitsmarktes und damit auch der Wirtschaft bei. Sie suchen nach kompetenten, leistungsstarken und integren Persönlichkeiten – nach Menschen, die positive Werte in der Wirtschaftsgesellschaft verkörpern (Hofmann and Steppan, 2011). „Es zeigt, dass die Arbeit der Personalberater einen kritischen Erfolgsfaktor in unserer Wirtschaft darstellt. Die Bedeutung von Executive Search Consulting wächst in dem Maße, in dem die Anforderungen an die [zukünftigen] Manager steigen." (Hofmann and Steppan, 2011; p.5). „'Auch wenn die guten Leute knapp werden, gilt es für die umworbenen Kandidaten, sich auf die üblichen Umgangsformen zu besinnen und daran festzuhalten. Fehlende Sozialkompetenz wird auch im Kandidatenmarkt ein Grund für eine Nicht-Einstellung bleiben.'" (Stülb von Klimesch and Klimesch, 2014, p. 58).

Gerade in der HH und Personalberatungsbranche ist die moralische Ordnung zugleich eine soziale Ordnung. Daher wird sie auf der Ebene der sozialen Interaktionen realisiert. Die soziale Welt des Headhuntings hat ihre eigenen Werte, Normen und Vereinbarungen, die innerhalb der Branche über die Zeit ausgearbeitet wurden. Die Vereinbarungen beziehen sich auf ethische Werte, die allgemein in der Gesellschaft akzeptiert werden (KONECKI, 1999). Folglich haben HH nicht nur ein Interesse daran, Kandidaten mit moralischen Auffassungen zu finden, die sich mit den Unternehmenswerten der Klienten decken, sondern versuchen auch selbst, ethisch korrekt zu arbeiten. Vertrauen, was in der HH Branche das höchste Gut darstellt, ist einer der untrennbaren Elemente im sozialen Austausch und fast immer auch im Normengerüst einer Kultur eines Landes verankert, genauso wie in den Unternehmenskulturen desselben. Die wachsende soziale Akzeptanz gegenüber der Branche trägt außerdem dazu bei, dass die in der Ideologie der HH verankerten Auffassungen und Wahrnehmungen die soziale Welt dieses Business zusätzlich rechtfertigen (KONECKI, 1999). Als besonders populäres Beispiel zeichnet sich Egon Zehnder International als führendes Personalberatungsunternehmen aus, welches hohe Maßstäbe bzgl. Objektivität, Integrität, Gründlichkeit, Diskretion und Systematik bei der Abwicklung von Suchaufträgen geht. Was ebenfalls für eine gelungene Unternehmensethik spricht, ist die äußerst sorgfältige Auswahl des eigenen Personals (was bei vielen unseriösen HH in der Branche keine Selbstverständlichkeit ist). Gerade in der Personalberatungsbranche, welche als „People's Business" gilt, ist es besonders wichtig, dass HH selbst ethisch und moralisch handeln und in ihrer eigenen Unternehmenskultur manifestieren, um eine qualitativ hochwertige Leistung für ihre Klienten zu garantieren (Hofmann and Steppan, 2011). Das Ethik-Verständnis in der HH-Branche lässt sich auch mit dem Konzept des „sorgenden Kapitalismus" beschreiben, der sich auf zwei Säulen stützt: Erstens, die Moral der Kooperation und zweitens, die Logik der Netzwerke. Die Kooperation der Akteure innerhalb der Personalberatungsbranche erzeugt ein gewisses Moral-Verständnis und gegenseitiges Vertrauen. Der Erfolg des Geschäftspartners wird als Bedingung für den eigenen gesehen. Daher erreicht man Erfolg nicht als unmoralischer Einzelkämpfer und die Schwächung der anderen Marktteilnehmer, sondern durch die Stärkung der gegenseitigen Interessen. Der Schlüssel zum geschäftlichen Erfolg ist gemäß dieser Perspektive Ehrlichkeit, ein fairer Handel und die Zusammenarbeit mit den Erfolgreichen (Stülb von Klimesch and Klimesch, 2014). „Es geht also darum, Moral nicht [nicht nur] ethisch, sondern ökonomisch zu begründen – nämlich aus der Evolution der Kooperation. Es ist intelligent, nett zu sein. Wer dagegen Erfolg sucht, indem er die Dummheit der anderen ausnutzt, zerstört damit die Umwelt, in der er Erfolg haben kann. Je komplexer das Wirtschaftssystem umso mehr hängt der eigene Erfolg vom Erfolg des anderen ab. Zusammenarbeit und Wettbewerb sind kein Gegensatz, sondern die zwei Seiten derselben Medaille." (Stülb von Klimesch and Klimesch, 2014, p. 29). Ein ähnlicher Ansatz, um das Verhalten innerhalb der Branche zu beschreiben und gegebenenfalls (in einem anderen Kontext) unmoralische Herangehensweisen zu begründen, ist das Stichwort „Rationalität". Die Praktiken von HH werden somit als rationale, standardisierte Prozesse verstanden. Rationalität fungiert dabei als moralische Begründung für die ökonomischen Aktivitäten eines Headhunters. Aus diesem Grund wird die Abwerbung generell auch nicht als unmoralisch betrachtet, sofern sie nicht direkt bei einem direkten Konkurrenten des Klienten stattfindet (KONECKI, 1999). „The headhunter compares the headhunting business to the other types of economic activity and concludes that headhunting is a certain type of sale and transaction. [...] Later on in an interview the headhunter emphasizes that even at the time of economic crisis there is a big demand for headhunting services. This type of economic activity has a strong position and it represents a universal type of services, which have a measurable market value. He predicts that this type of business will be expanding due to rapid technological changes, which take place in the economy and generate demand for new specialists. The economy has not future without it, without the headhunting business (KONECKI, 1999, p. 561).

Auch wenn es gesetzliche Vorschriften innerhalb der Branche gibt, wird ethisches Verhalten untereinander und die Einhaltung der Spielregeln als selbstverständlich betrachtet. Aber auch bei der Kandidatensuche und was die Anforderungen an die Bewerber betrifft, zieht sich eindeutig eine wertorientierte Geschäftspraxis durch alle Prozesse hindurch. „Neben Disziplin bedarf es auf beiden Seiten, Kunde wie auch Personalberater, der Achtung einiger Werte. Auch wenn dem homo oeconomicus Werte noch fremd waren, so auch im ökonomischen Kontext die Erkenntnis, dass Werte die Geschäftserfolge oder -Misserfolge stark beeinflussen. Dem homo oeconomicus ist ein homo sociologicus zur Seite getreten. [...] Zwischen Kunden und Dienstleister sind zwingend vertragliche Regelungen in Schriftform zu treffen. Aber diese juristischen Regeln können Erfolgsfaktoren wie Vertrauen, Loyalität und gegenseitigen Respekt nicht ersetzen. Auch bei der Auswahl von Kandidaten wird schon lange zwischen harten und weichen Faktoren unterschieden. So äußerte Andreas Hein von Capgemini beispielsweise: „Stand früher das Fachwissen der Bewerber im Vordergrund, so suchen wir heute Persönlichkeiten, bei denen die Balance zwischen Fach- und Sozialkompetenz stimmt." (Stülb von Klimesch and Klimesch, 2014, p. 51).

Diese Befunde zeigen, dass sich die HH-Branche, trotz ökonomischer Rationalität und Geschäftssinn, als ein aus zwischenmenschlichen Beziehungen bestehendes Netzwerk versteht. Dieses Netzwerk ist nicht nur moralisch orientiert, sondern pflegt äußerst ausgewählte Beziehungen mit Geschäftspartnern und möglichen Kandidaten, die ähnliche Werte leben und sozial kompetent sind. Wie zuvor erwähnt muss für die Überprüfung der HH-Branche auf ethische Standards, ein Blick auf mehrere Ebenen und Beziehungen zu unterschiedlichen Parteien gelegt werden. Die externe Personalbeschaffung fängt mit Auftragsvergabe an einen HH an und endet frühestens mit Einsatz des neuen Kandidaten im Unternehmen des Klienten. Meist findet aber eine weiterführende Betreuung nach der Einstellung eines Kandidaten durch den externen Dienstleister statt (KONECKI, 1999). Diesen gesamten Zeitraum und die darin stattfindenden Arbeitsschritte müssen einbezogen werden, um die Arbeit von Personalberatern eingehend auf ihre ethischen Grundsätze und Arbeitsweisen zu überprüfen. In der Sekundärliteratur fanden sich zahlreiche Beispiele aus der Praxis sowie Erfahrungen verschiedener HH und Personalberater aus unterschiedlichen Branchen. Die Summe an in dieser Arbeit zusammengetragenen Ergebnissen, Eindrücken und Aussagen von Branchen-Experten, vermittelt ein umfangreiches Bild von der moralischen Orientierung dieser Dienstleister. Fast alle Branchen-Mitglieder sind sich zudem bewusst darüber, dass sich einige ihrer Kollegen kaum an Regeln halten: „The headhunting agencies themselves are [...] aware that moral issues are interpreted in their activity and they take certain remedial measures to operate 'morally' in the market wishing to win confidence of the customer. [...] They know, for instance, that headhunters can be found in their branch, who work and act immorally." (KONECKI, 1999, p. 554). In den verwendeten Studien, waren auch ein paar wenige HH aus der Kategorie der unseriösen Berater bereit, offen über manche unmoralischen Vorgehensweisen zu berichten, was die Validität der verwendeten Literatur nochmals unterstreicht. Bis auf wenige Beispiele von HH, die sich nicht an den moralischen Verpflichtungen gegenüber ihren Vertragspartnern orientieren, verpflichtet sich der Großteil an Beratungsfirmen jedoch sehr wohl dem offiziellen Ethikkodex der Branche (Lim and Chan Claudia, 2001).

Einer der am häufigsten hoch gehaltenen Werte von Personalberatern, ist die Verschwiegenheit. Viele Auftraggeber legen großen Wert auf Diskretion und darauf, dass keine vertraulichen Informationen an Konkurrenten des Klienten, aktuelle Mitarbeiter, oder anderen Parteien weitergegeben werden. In Zeiten des steigenden Wettbewerbs auf dem Arbeitsmarkt, ist die Diskretion einer der wichtigsten Voraussetzungen für die Zusammenarbeit mit HH (Hofmann and Steppan, 2011). „Die extreme Diskretion findet man wohl in kaum einer anderen Branche so ausgeprägt und sie ist einer der wesentlichen Gründe für die Zusammenarbeit mit Headhuntern. Das macht sie zu äußerst seriösen Dienstleistern, die auf höchstem Niveau arbeiten." (Naumann, 2011, p. 22). Gute HH schützen die Identität ihrer Kandidaten und Klienten so gut sie können (Stern). „Seriöse Berater widmen diesem Aspekt ganze Absätze in ihren Verträgen. Sie verpflichten sich, [...] ,alle Informationen, die ihnen der Klient gibt, ausschließlich zur Ausführung des Auftrags zu verwenden [...] die Informationen ausschließlich an die eigenen Mitarbeiter und an potenzielle Kandidaten weiterzugeben, und zwar nur so viel wie dies erforderlich ist [...] vertrauliche Informationen nicht zum eigenen Vorteil zu nutzen'" (Hofmann and Steppan, 2011). Wie auch Jacques André Mertzanopoulos bestätigt: „[...] allerdings, fragen Sie bitte nicht nach dem Namen des Unternehmens für das der Berater gerade sucht – er kann und wird es Ihnen am Telefon nicht sagen." Zur Vertraulichkeit gehört auch eine Off-Limits-Klausel (auch No-Touch Regel genannt), die von der „Association of Executive Search Companies" (AESC) stammt (KONECKI, 1999). Der Berater verpflichtet sich dabei, für einen bestimmten Zeitraum „mit keinem Mitarbeiter des Auftraggebers über die Möglichkeit eines Wechsels zu einem anderen Unternehmen zu sprechen." (Hofmann and Steppan, 2011, p. 257). Die offiziell angesetzte Kontaktsperre beträgt meist zwischen ein und zwei Jahre. Meistens wird die Off-Limits Regel vertraglich festgesetzt und zeitlich, wie örtlich begrenzt (Hofmann and Steppan, 2011). Wie ein HH berichtet: „Plötzlich galt ich als der Branchenexperte, aber ich konnte dann keine weiteren Aufträge mehr annehmen, weil ich die meisten ersten Adressen zu meinen Kunden zählte und da hätten weitere Kunden gerne geräubert. Für einen anständigen Headhunter teilt sich die Welt aber in Klienten und Jagdgründe. Die Klienten sind tabu." (Hofmann and Steppan, 2011, p. 152). Fast alle sind sich einig: „And professional firms never recruit from client companies." (Stern). Es ist zudem die ethische Verpflichtung von HH, ihre Klienten über die Off-Limit Beschränkung hinzuweisen. Natürlich bedeutet das auch eine Beschränkung der Recruiting Aktivitäten von Personalberatern – vor allem, wenn sie in einer stark konzentrierten Branche mit wenigen größeren Organisationen spezialisiert sind. HH die gegen die Regel der Branche verstoßen, nutzen das Insider-Wissen des Kundenunternehmens aus und handeln eindeutig unmoralisch (Lim and Chan Claudia, 2001). Dass diese Regel in einem sehr eingegrenzten Gebiet, wo nach Kandidaten gesucht werden kann häufiger gebrochen wird, ist aus Sicht eines HHs gar nicht so unverständlich: „However, this rule is sometimes broken because of a strong financial motivation of headhunters: 'It is very difficult to observe ethical principles when you have 20,000 dollars within reach. People think differently about it. As for me, I think that money is not worth it, but can you explain to anybody that money is not worth it?' (an account of a female headhunter about her colleague from the headhunting business)." (KONECKI, 1999, p. 557). HH ist es offiziell auch untersagt zwei ähnliche Suchaufträge von direkt konkurrierenden Unternehmen anzunehmen (KONECKI, 1999). Das Schaffen von Vertrauen zum Kunden, als auch zu den Kandidaten, gehört zum Kernbusiness der HH und Executive Search Firmen. HH halten nicht nur den Namen des auftraggebenden Unternehmens geheim, sondern auch den des Kandidaten, um ihn vor negative Konsequenzen in seinem aktuellen Arbeitsverhältnis zu schützen, sollten diese an einem Stellenwechsel interessiert sein. Häufig wird der Lebenslauf (CV) eines Kandidaten nicht einmal an den Auftraggeber gesendet, bevor dieser ihn nicht zu einem Vorstellungsgespräch ausgewählt hat (KONECKI, 1999). „The moral order is not imposed here by some superior authority and neither is it derived from the formal code of ethics, although such code exists. It is a derivative of the headhunters' individual interpretations and their desire to preserve the balance of forces in the headhunting process." (KONECKI, 1999, p. 564). Alle Daten, die während des Such- und Recruiting Prozesses von HH gesammelt werden (wie z.B. über den persönlichen Hintergrund von Kandidaten oder Finanzdaten des Klienten) dürfen nicht an Dritte, oder für andere Zwecke fernab des Auftrags weitergegeben werden, insofern es keine Zustimmung der Betroffenen gibt. Darüber hinaus dürfen nur Informationen gesammelt werden, die für den Auftrag von Nöten sind. Auch wenn Personalberater rein rechtlich die Informationen besitzen dürfen (zumindest noch), bemühen sich moralisch handelnde HH um die Zustimmung aller Parteien, wenn die Daten in irgendeiner Form weiterverwendet werden (Lim and Chan Claudia, 2001). Auch die Praxis, Mitarbeiter eines aktuellen Klienten als spätere Kandidaten für zukünftige Aufträge von anderen Unternehmen vorzumerken, ist im HH Business höchst verpönt und stellt einen klaren Vertrauensbruch und einen Missbrauch der zu Verfügung gestellten Daten des Klienten dar. Genauso moralisch verwerflich ist es, wenn ein HH einen ehemaligen Kandidaten anruft und um Kontakte aus seiner Firma bittet. Das wird als Anstiftung zur Illoyalität angesehen und wäre Beihilfe zur Abwerbung durch den ehemaligen Kandidaten (Gleichen, 1987, 1987, p. 121). Aus Sicht vieler HH ist ein solches Verhalten ein klarer Bruch mit dem offiziellen Branchenkodex (KONECKI, 1999). „It is ethically improper if your recruit someone for some company and at the same time you recruit someone from this firm through the back door... My customers are never my source of recruitment. I would never recruit anybody from a company for which I am working at the moment.'" (KONECKI, 1999, p. 562).

Auch wenn es Arbeitnehmern grundsätzlich freisteht wo sie arbeiten möchten und daher die Freiheit haben ihren derzeitigen Arbeitsplatz verlassen zu können, haben HH eine moralische Verpflichtung gegenüber dem aktuellen Arbeitgeber des jeweiligen, angeheuerten Kandidaten (Lim and Chan Claudia, 2001). HH, die einem ethischen Leitbild bzgl. ihrer Arbeit folgen, sind sich durchaus darüber bewusst, dass es unter Umständen zu beträchtlichen Nachteilen des bisherigen Arbeitgebers kommen kann (wie der Verlust von Trainings- und Schulungsaufwendungen für den Kandidaten, Umsatzeinbußen, oder im schlimmsten Fall sogar Bankrott, wenn es sich um eine abgeworbene Schlüsselposition handelt). Ethisch handelnde HH wägen vor einer Abwerbung daher die Vor – und Nachteile ab, sodass keine Partei einen unverhältnismäßigen Schaden davonträgt (Lim and Chan Claudia, 2001). Aber Personalberater sind sich nicht nur der moralischen Verantwortung gegenüber dem ehemaligen, sondern auch dem zukünftigen Arbeitgeber eines Kandidaten bewusst: „Wer sich nicht exzellent in einer Branche auskennt, dem bleiben die Querverbindungen verborgen, der weiß nicht, wer mit wem redet und welche Zusammenhänge es zwischen vermeintlichen Konkurrenten gibt. Natürlich trägt der Headhunter auch eine hohe Verantwortung für das Unternehmen, das ihn beauftragt. Je höher die Managementposition, die er besetzt, desto größer ist der Schaden den er anrichtet, wenn er den falschen Kandidaten vermittelt." (Hofmann and Steppan, 2011, p. 99-100). Eine hohe Verantwortung hat ein HH aber auch gegenüber den Kandidaten. Diese geben ihren Job auf und hoffen auf eine noch erfolgreichere Laufbahn beim nächsten Unternehmen. Im Falle eines missglückten Matchings wird eventuell auch deren Familie und zukünftige Laufbahn gefährdet. Dies trifft vor allem dann zu, wenn es beim jetzigen Arbeitgeber eines Kandidaten vorzeitig bekannt wird, dass dieser kündigen will: „Jeder Fehltritt ist im Lebenslauf dokumentiert, und in einer auf Höchstleistung getrimmten Industriegesellschaft wie der unseren bekommt man nicht so schnell eine zweite Chance. Und schließlich ist da noch das Risiko, dass etwas durchsickert, dass die Bereitschaft des Kandidaten zum Wechsel bekannt wird." (Hofmann and Steppan, 2011, pp. 99–100).

Neben Diskretion und moralischer Verantwortung stellt Ehrlichkeit einen der wichtigsten Werte im HH-Business dar. Gerade in einer Branche, in der das Geschäft hauptsächlich auf Vertrauen zwischen den Parteien beruht, währt Ehrlichkeit am längsten und ist ein Garant für langfristigen Erfolg, auch wenn es kurzfristig einmal nicht zu einem Vertragsabschluss kommt (KONECKI, 1999). Dieser utilitaristisch geprägte, moralische Ansatz zeigt sich an einem Erfahrungsbericht:

> 'You can be honest in many ways in this business. I phoned a company, for which I was just recruiting a candidate. It happened this year. I discovered that the candidate was a thief, who robbed his own company. I discovered that at the last moment. I phoned the president (customer) and told him:

- It is not a good candidate. I have just received information that it is not a good candidate.
- Why, why?
- Believe me, you don't need this man in your company.
- But you are losing money in this way - he said.
- No, I don't intend to earn anything on this transaction....

This chap (customer, K.K.) may not call me for a year, but if he has a job for me he will call me, because he will remember that I was an honest chap. This opinion means a lot to me' [...]. The headhunter attempts to show that he/she is always honest and acts morally. At the foundations of this morality lies an assumption that a social and economic activity has a quid pro quo character. If the headhunter is sincere and honest in relation to the customer, then the customer will also be honest and sincere in relation to the headhunter. (KONECKI, 1999, pp. 560–561).

Zeitdruck wird oftmals als Rechtfertigung von Unehrlichkeit verwendet. Im Gegensatz zu Personalberatern, die eine fixe Vergütung für den Aufwand ihrer DL erhalten, kommt es bei HH, die auf Erfolgsbasis (nur, wenn ein Kandidat eingestellt wird) arbeiten häufiger dazu, dass diese versuchen den Job so schnell wie möglich zu erledigen und dabei die Qualifikationen von Kandidaten absichtlich überbewerten (KONECKI, 1999). „Seriöse Headhunter werden keine unmöglichen Versprechen geben und sich nicht nur auf Erfolgsbasis bezahlen lassen. Sie sehen ihre Arbeit als hochwertig an und werden Ihnen nicht irgendwen vorstellen, nur um die Stelle zu besetzen und die Prämie zu kassieren." (Lecturio GmbH, 2016). Bei einer Bezahlung auf Erfolgsbasis fehlen auch oft gute Beziehungen innerhalb der Netzwerke und Bündnisse mit anderen HH. Anonyme Verfahren, um an Aufträge zu kommen stehen an der Tagesordnung, was zusätzliches Misstrauen sähen kann (KONECKI, 1999). Folglich kann aus wirtschaftlicher Sicht die Art der Vergütung ebenfalls ein Grund für unmoralische Arbeitsweisen von Personalberatern sein. „Close personal contacts based on trust protect both sides of interaction from violating the rules of moral order. It refers especially to the firms remunerated for providing a service." (KONECKI, 1999, p. 566). Professionelle Recruiting-Dienstleister, die schon zu Beginn für einen Teil ihrer Dienstleistung mit einer Anzahlung vergütet werden, haben dagegen das Interesse die besten Kandidaten für den Klienten ausfindig zu machen und werden diesem helfen ebenfalls die beste Wahl zu treffen. Wenn es dennoch zu dem seltenen Fall kommen sollte, dass ein Fit nicht erfolgreich ist, wird die Beratungsfirma den Auftrag als nicht abgeschlossen verbuchen und die Suche fortsetzen (Stern). Eine erneute Suche ohne Honorar erfolgt bei seriösen HH auch, wenn ein Kandidat innerhalb der Probezeit das Unternehmen verlässt. Dies ist standardmäßig in den Verträgen von Headhuntern geregelt (Hansen). Zur Ehrlichkeit zählt auf Klienten-Seite auch die Praxis, keinen Auftrag anzunehmen, bei dem die Erfolgsaussichten aus diversen Gründen sehr gering sind. Auf Kandidatenseite gehört eine umfassende Aufklärung des potentiellen Mitarbeiters über die Herausforderungen und Risiken bzgl. des neuen Arbeitsplatzes dazu. Es ist die Pflicht des Personalberaters den gesamten Recruiting-Prozess für die Beteiligten so transparent wie möglich zu gestalten und beim Abwickeln von Aufträgen immer wieder über den Stand des Bewerbungsverfahrens zu informieren (Lim and Chan Claudia, 2001).

Die weitreichenden Netzwerke leben vom ständigen sozialen Austausch unter den Geschäftspartnern und die moralische Ordnung wird durch genau diese sozialen Interaktionen gestaltet. Sie ist keine abstrakte Regel, die durch irgendeine Institution aufgestellt wurde (KONECKI, 1999). „'It is a quid pro quo' business'- says one of the headhunters. The building of trust is, to some extent, restricted by this rule: 'if you give me something, I will also give you something.' A positive reciprocation is, thus, quite probable." (KONECKI, 1999, p. 565). Das Geben und Nehmen in der Branche wird auch dadurch ersichtlich, dass HH sich – aus der Natur ihrer Tätigkeit heraus - dazu bereit erklären, die moralischen Verpflichtungen von Klienten zu übernehmen. Im Rahmen ihrer Geschäftstätigkeit sehen sie es als notwendige Aktivität an, Mitarbeitern von anderen Unternehmen in der Branche Wechselangebote zu unterbreiten (KONECKI, 1999, p. 566): „It is the headhunter who assumes a full responsibility. Such situation is more acceptable in the world of business, as it lies in the very nature of economic activity to penetrate different companies. Moreover, the penetration of companies has a rational and legal basis. The candidate is a 'free man' and can change jobs whenever he/she feels like it. The change of job with the assistance of headhunters is well organized, standardized and, thus, matching the job with the candidate should be perfect. Consequently, the moral acceptance of this activity is achieved through the 'rationality of procedures' inscribed in the moral order of headhunting economic activity. The headhunter as an intermediary doing the 'dirty work' (see: E. Hughes, 1958) may be accepted more easily by the customer's competitor." (KONECKI, 1999, pp. 567-568). Während einige Außenstehende das Abwerben und die Direktansprache von Kandidaten, die in einem aktuellen Beschäftigungsverhältnis stehen schon als unethisch ansehen, gibt es dagegen ebenfalls die Auffassung, dass Mitarbeiter von Unternehmen kein privates Eigentum derselben darstellen und es daher nicht unmoralisch sein, kann dem Personal von Konkurrenten Angebote mit womöglich besseren Konditionen zu machen. Es könnte also genauso gut unmoralisch sein, von Mitarbeitern zu verlangen, dass sie sich nicht für andere Karrieremöglichkeiten interessieren dürfen – was natürlich auch einen Eingriff die persönliche Freiheit und eine Verhinderung des freien Wettbewerbs auf dem Arbeitsmarkt darstellen würde. Insgesamt wird weiters argumentiert, dass es nicht zur Debatte stehen sollte, ob die Abwerbung von Konkurrenten ethisch ist, sondern viel mehr unter welchen Umständen dies geschieht. Es sollte viel eher dafür gesorgt werden, dass die Suchprozesse und die Kandidatenbeurteilungen in einer ethisch korrekten Art und Weise vorgenommen werden (Lim, 2001). Darauf wird im nächsten Abschnitt näher eingegangen.

Neben dem offiziellen Ethikkodex in der HH Branche, dessen Befolgung mehr oder weniger freiwillig durch alle Branchen-Mitglieder erfolgt, gibt auch einige Personalberatungsfirmen, die eigene Regelwerke und Leitfäden innerhalb ihrer Unternehmen implementieren. Dadurch soll die Qualität in der externen Personalbeschaffung gesteigert und das Befolgen ethischer Standards gewährleistet werden. Ein Beispiel aus der Branche belegt dies:

> Die pro search Charta – die Basis unserer Professionalität
>
> Gemeinsam mit meinen Partnern habe ich Grundsätze entwickelt, die uns zu einer professionellen Vorgehensweise und einem verantwortungsvollen Umgang mit Menschen und Informationen verpflichten. Die Eckpunkte dieser ‚Charta' sind:
>
> - Qualität, von einer fairen Direktansprache bis zur Kandidaten-Präsentation beim Kunden
> - Kompetenz, Markt- und Branchenkenntnisse, saubere Methodik im Auswahlprozess,
> - Vertrauen, sorgfältiger Umgang mit Informationen, Verlässlichkeit, soziale Kompetenz
>
> Bei der Besetzung von Positionen zeigen wir aber vor allem auch soziale Kompetenz. In einer beruflichen Veränderung spielen auch Faktoren mit, die nicht offenliegen, wie z. B. das persönliche Umfeld – der Fußballverein, die Familie, das neu gebaute Haus, pflegebedürftige Eltern etc. Wir beziehen das Umfeld der Kandidaten stark mit in die Entscheidung ein. Im Zweifel raten wir auch einem viel versprechenden Kandidaten vom Wechsel ab, so schwer das auch fallen mag. Das Wichtigste bleibt für uns stets der Mensch – zufriedener Kunde und Kandidat sind die Kronjuwelen eines Personalberaters. (Hofmann and Steppan, 2011, pp. 127-128).

4 Methodik bei der Direktsuche

4.1 Arbeits- und Vorgehensweise von Headhuntern

In Anlehnung an den vorherigen Abschnitt wird nun der Arbeitsweise und die Methoden von HH im Rahmen der Direktsuche beleuchtet. Im zweiten Teil dieses Abschnitts wird auf die Bedeutung von Headhuntern hinsichtlich moralischer und ethischer Aspekte beim Auswahlprozess eingegangen. Zum besseren Verständnis wird nun noch eine chronologische Abfolge der verschiedenen Arbeitsschritte gegeben und im Anschluss auf einzelne Schritte näher Bezug genommen. Personalberater informieren ihre Klienten üblicherweise ausführlich über die Abwicklung der Aufträge und die genaue Vorgehensweise (Hofmann and Steppan, 2011). Standardmäßig sieht die Vorgehensweise folgendermaßen aus:

1. Sorgfältige Begutachtung der Situation beim Klienten
2. Erstellung eines Anforderungs- und Persönlichkeitsprofils
3. Systematische Suche nach passenden Kandidaten
4. Erste strukturierte Interviews und Festhalten von Informationen (einschließlich vertraulicher Berichte) über die Kandidaten
5. Einholung von externen Referenzen
6. Eventuell weitere Runde an Interviews und anschließende Beratung von Klienten und Kandidaten bis zum Vertragsabschluss
7. Wenn vereinbart: Weitere Betreuung bis zur vollständigen Integration der eingestellten Führungs- bzw. Fachkraft im Unternehmen (Onboarding Prozess)
8. Bei Garantievereinbarung und „Missmatch": Erneute Suche (Hofmann and Steppan, 2011)

„Bevor der externe Arbeitsmarkt mit dem Potenzial passender Kandidaten angegangen wird, stimmt sich der Personalberater in einem persönlichen Gespräch (Briefing) mit dem Auftraggeber ab. Auf der Kundenseite sollten mindestens ein Vertreter aus dem Fachbereich sowie dem Personalwesen dem Personalberater das Profil sowie die wichtigen Merkmale beschreiben, die nicht im Text zu finden sind." (Stülb von Klimesch and Stülb von Klimesch, 2014, p. 48). Für die Formulierung des Kandidatenprofils, ist es ausschlaggebend, dass der HH sich in der Branche gut auskennt bzw. deren spezifische Sprache der Branche spricht. Hier wird der Headhunter nun wortwörtlich zum Personalberater, indem er seine Marktkenntnisse in die Profilbildung einfließen lässt und in die Rolle des zukünftigen Kandidaten schlüpft, um festzustellen, wie attraktiv die Position für Außenstehende ist. Hier wird im Sinne des Personalmarketings das Denken von der Markt- bzw. Kandidatenseite aus betont (Stülb von Klimesch and Stülb von Klimesch, 2014).

Neben der Identifizierung potentieller Kandidaten für Klienten, findet parallel eine intensive Analyse der Marktsituation und eine Identifizierung von Mitbewerbern statt. Die Marktrecherche ist notwendig, um überhaupt zu wissen, wo nach passenden Bewerbern gesucht werden muss. Stehen die auserwählten Kandidaten fest, versuchen Headhunter weitere Informationen über diese zu bekommen. Dazu werden oft die Unternehmen angerufen, bei denen die Kandidaten aktuell noch arbeiten. Weitere Informationen umfassen zum Beispiel derzeitige Vorgesetzte, Team-Mitglieder, Geschäftssituation, Entlassungen und zukünftige Beförderungen, sowie sonstige Auskünfte über das derzeitige Unternehmen (Naumann, 2011). Zum einen wird durch die intensive Marktrecherche das Netzwerk größer, das Angebot kann zudem erweitert und die Datenbank aufgestockt werden. Ein professioneller HH lebt von seiner sorgfältig gepflegten Datenbank an Kandidaten – vor allem dann, wenn er sich ausschließlich auf Direktansprachen spezialisiert. Neben Lebensläufen ausgewählter Personen, zeichnet er auch Gesprächsprotokolle auf. Wechselwillige Kandidaten in einem momentanen Dienstverhältnis können sich zudem freiwillig bei Headhuntern melden und sich vormerken lassen, wenn sie mit ihrem derzeitigen Job unzufrieden sind oder neue Herausforderungen suchen. Diese privilegierten Beziehungen sind für alle Parteien eine „Win-Win- Situation" (Mertzanopoulos, 2014). Diese umfassende Marktkompetenz macht die Kooperation mit HH u.a. so bedeutend: Dadurch, dass es ihr Kernbusiness ist und sie sich nicht auf andere Bereiche konzentrieren müssen, sowie es bei den meisten Personalabteilungen innerhalb von Unternehmen der Fall ist, haben sie um einiges mehr an Ressourcen für eine intensive und laufende Marktforschung zur Verfügung (Naumann, 2011).

Wenn Profil, Zielfirmen und andere Quellen am Markt feststehen, beginnt die heikle Phase der Kontaktanbahnung mit den Kandidaten. Auch aus rechtlichen Gründen wird der Erstkontakt meist kurzgehalten. Dabei geht es primär darum, herauszufinden, ob ein potentieller Kandidat überhaupt Interesse hat eine neue Stelle zu besetzen und in weiterer Folge Neugier und Begeisterung zu wecken. „Der Personalberater muss, wie es sich für einen professionellen Verkäufer gehört, dem Kandidaten Gelegenheit zu Erklärungen aber auch zu Fragen geben.

Eines weiß ich aus Erfahrung ganz genau: gute, selbstbewusste Kandidaten stellen Fragen. Hier werden Weichen gestellt. Nur wenn die Fragen des Kandidaten authentisch, wahrheitsgemäß und mit einem ‚ausreichenden' Informationsgehalt [...] beantwortet werden, kann das Interesse des Angesprochenen geweckt werden." (Stülb von Klimesch and Stülb von Klimesch, 2014, p. 48). Der Headhunter kommuniziert [...] direkt mit potenziellen Kandidaten. In dieser Kontaktaufnahme, beim Erstkontakt, muss der erste Eindruck stimmen. Nur wenn der Headhunter selber von der zu besetzenden Position und dem ihn beauftragenden Unternehmen überzeugt ist, kann die Begeisterung auf den Kandidaten übertragen werden. Nur begeisternde Headhunter wecken beim Kandidaten Neugier. Um es deutlich zu machen: In dieser frühen Phase der Kontaktanbahnung spielen Einkommen, Dienstwagen und die „Employers Brand" keine Rolle, weil diese Themen in dieser Phase noch nicht zur Sprache kommen. Der Headhunter muss Neugier wecken (Stülb von Klimesch and Klimesch, 2014, p. 47).

Nachdem der Erstkontakt erfolgreich war, folgen situationsbedingt weitere Telefonate und persönliche Gespräche zwischen Kandidaten und dem HH. Neben der „verdeckten Qualifizierung" durch den HH dienen die weiteren Gespräche dazu das Vertrauensverhältnis zwischen den Parteien zu festigen. Sobald der Kandidat ein klares Interesse an der Stelle und dem Unternehmen des Klienten ausspricht, und der HH den Kandidaten zudem als qualifiziert eingestuft hat, gehen die Unterlagen des Bewerbers erstmals an das beauftragende Unternehmen (Stülb von Klimesch and Stülb von Klimesch, 2014). Die für gut befundenen Kandidaten werden nach weiterer Recherche zum eigentlichen Vorstellungsgespräch mit Personalberater und Klient eingeladen, den anderen Kandidaten wird mit einem aussagekräftigen Feedback abgesagt („Candidate Experience"), welches zuvor mit dem Auftraggeber besprochen wurde. Die Gründe der Absage sind außerdem ausschlaggebend für die weitere Verfeinerung des Anforderungsprofils. So können HR Verantwortliche feststellen, was bisher falsch gemacht wurde. Das Haupt-Vorstellungsgespräch zwischen Klient und Kandidat unter Einbindung des Headhunters, findet -wenn möglich - immer persönlich statt. Wie ein HH berichtet: „Nach meiner Erfahrung und persönlichen Einschätzung sollte das Telefon-Interview des suchenden Unternehmens die Ausnahme sein. Es verhindert einen ersten persönlichen Eindruck. Zudem biete ich meinen Klienten an, für sie die Einladung auszusprechen. Je nach Projektverlauf ist die [...] Teilnahme des Personalberaters am Erstgespräch anzuraten. Bei der Suche nach einem ‚neuartigen'

Profil oder einer ersten Zusammenarbeit vom Kunden und Personalberater halte ich die Teilnahme für zwingend.

Nach der Interviewrunde gibt es ein Feedback in dem geklärt wird:

- Welcher oder welche Kandidat/in kommt in das finale Gespräch?
- Welche scheiden aus und warum?
- Gibt es keinen Kandidaten für die finale Runde, muss die Ursache geklärt werden mit der Maßgabe, weitersuchen oder mit modifiziertem Profil suchen. Das bisher definierte Gehaltsspektrum ist auch zu prüfen." (Stülb von Klimesch and Stülb von Klimesch, 2014, pp. 48-49).

Auch wenn die Anzeigenschaltung nicht die Hauptarbeit von Personalberatern ausmacht und sich einige HH sogar aufgrund mangelnder Effizienz regelrecht dagegen sträuben, gibt es dennoch einige, die Anzeigen parallel zum eigentlichen Recruiting-Prozess schalten. Gemäß der Erfahrung eines Experten aus der Branche, haben Inserate die von Personalberatern geschaltet werden eine um ein Vielfaches höhere Reichweite. Die Gründe beschreibt er wie folgt: „[...] das sind natürlich auch ganz andere Anzeigen. Wir sagen beispielsweise: ‚Sie haben große Chancen in diesem Unternehmen'. Das kann ein Unternehmen nicht machen, dann kämen gleich alle Arbeitnehmer und Führungskräfte und fragen: ‚und wo bleiben wir?' Wir können in eine Anzeige ganz einfach viel mehr Informationen, aber auch Anreize hineinlegen." (Gleichen, 1987, p. 121). Was die Anzeigen durch HH noch effektiver macht, ist die Präzision der Angaben. Viele Unternehmen schalten immer noch hauptsächlich sehr allgemeine Anzeigen, ohne sehr weit in die Tiefe zu gehen. In den Stellenanzeigen werden lediglich Anforderungen bzgl. bestimmter Fähigkeiten und Berufserfahrung aufgeführt, die äußerst allgemein formuliert sind: „For example, a headhunter who places engineers described a recent search assignment for which an employer stated the following specs: three to five years' experience in machine design in a high-volume manufacturing environment, supervisory experience, an ME degree, and a starting salary of $45,000. The headhunter claimed that specs like these ‚tell me nothing' because they neither identify which attributes or traits will enhance chemistry nor indicate the most relevant experience and skill-based selection criteria." (Coverdill, 1998, p. 117). Personalberater wissen um die Schwierigkeiten auf dem Arbeitsmarkt und die Weise, wie sie Kandidaten neugierig machen können besser Bescheid. HH erfragen die drei, oder vier absolut wichtigsten Eigenschaften vom Klienten, die der zukünftige Kandidat unbedingt haben sollte. Dadurch werden nebensächliche

Standard-Attribute oftmals vermieden: „A headhunter explained how he probes to learn about hot buttons: Meade will send you very lengthy job descriptions and she [an HR staffer] has in every case here. What I found [...] that they are very boring. [...] ‚Look, what are the three or four most important things to you in evaluating whether this person's going to be right?' You find out what are the nuances as far as terminology for the job and then you focus on, ‚Okay, what's really important to you?'" (Coverdill, 1998, p. 117). Die anzeigengestützte Personalsuche befindet sich allerdings in einem dauerhaften Schrumpfungsprozess und wird immer mehr durch eine klassische Direktsuche abgelöst, bei der Soziale Medien nur bis zu einem gewissen Grad behilflich sind. Ein HH berichtet: „Die Unternehmen setzten auf sorgsam vorselektierte und professionell evaluierte Kandidaten (Management- Diagnostik), die das Ergebnis einer systematischen Marktrecherche und Direktsuche sind. Sie konnten und wollten sich nicht auf die Zufallsauswahl eines Anzeigenprozesses verlassen." (Hofmann and Steppan, 2011, p. 186). Viele HH vermeiden es außerdem mit dem Großteil der HR Abteilungen in Klienten-Unternehmen zu sprechen, wenn es um solche Angelegenheiten geht und wenden sich hauptsächlich den HR Managern zu. Die HR Mitarbeiter sind meist zu weit vom Wissen um die zu besetzende Stelle entfernt, und nicht in der Lage einem Personalberater bei der genauen Priorisierung der erforderlichen Kandidaten-Eigenschaften zu helfen bzw. zu verstehen, was die „Hot Buttons" sind, bzw. was einen richtigen Fit (Chemie) herstellen kann (Coverdill, 1998).

Während traditionelle Anzeigen nachlassen, nutzen viele HH mittlerweile auch die Digitalisierung als weiteres Sprungbrett für sich aus: Einige Berater schließen sich bereits mit den sozialen Netzwerken zusammen und nutzen auch selbst den Zugriff auf Millionen von Profilen, um direkt Kontakt mit interessanten Personen aufzunehmen und ihre Datenbanken zu erweitern (Hofmann and Steppan, 2011). „Um den Veränderungen begegnen zu können, setzt das Beratungsunternehmen Kienbaum unter anderem auf strategische Beteiligungen – etwa beim Mitarbeiterempfehlungsportal Firstbird, der Reverse-Recruiting-Plattform 4 Scotty oder Jobtender 24, einer Ausschreibungsplattform für Suchmandate: ‚Ziel ist es, die eigenen Prozesse zu optimieren und vom Know-how zu profitieren sowie gleichzeitig unseren Kunden andere Lösungen zugänglich zu machen.'" (Furkel, 2017, p. 51). Und auch, wenn mittlerweile Jeder Zugriff auf Social Media hat, sind dennoch nicht alle gefragten Kandidaten online einsehbar. Gerade betreffend Top-Positionen, können viele Stellen kaum mit Hilfe sozialer Netzwerke besetzt werden. „Solche Manager bewegen sich in ihren eigenen, eher traditionell geknüpften, realen Netzwerken. Allein schon wegen der hochkomplexen Probleme, die wir Headhunter Tag für Tag zu lösen haben, werden wir wohl nicht unsere Arbeit verlieren. Schließlich beginnt unsere Arbeit nicht erst mit der Suche nach geeigneten Kandidaten. Die grundlegende Voraussetzung für eine erfolgreiche Platzierung ist die Erarbeitung des gewünschten Profils in Zusammenarbeit mit dem Auftraggeber. Und damit ist weit mehr als eine simple Stellenbeschreibung oder ein Anforderungsprofil gemeint." (Hofmann and Steppan, 2011, p.88). Ein anderer HH berichtet, er sehe nicht, dass ihm ein soziales Netzwerk verwertbare Informationen über die tatsächlichen weichen Faktoren eines Kandidaten, sowie dessen Kommunikationsfähigkeiten und Motivation liefern könne. Es gäbe schließlich erhebliche Unterschiede zwischen Selbstdarstellung in einem Internet-Profil und dem tatsächlichen Habitus. Dies seien keine Dinge, bei denen das Internet Hilfe bieten könne – hier seien Menschen gefragt (Hofmann and Steppan, 2011). Wolfram Tröger, Vorstand und Gesellschafter von Tröger & Cie. sowie Vorsitzender des Fachverbands Personalberatung im Bundesverband Deutscher Personalberater, ist sich sicher, dass der Personalberaterberuf auch weiterhin Bestand haben wird: ‚Echte Beratungsleistungen bei der Suche, Auswahl und ganz wesentlich der Gewinnung von Führungskräften werden weiterhin benötigt. Das Tätigkeitsprofil unter Einsatz digitaler Werkzeuge wird sich aber verändern', glaubt Tröger. (...) ‚Das Suchen und Finden von Kandidaten im Zeitalter von Big Data hat sich bei vielen Profilen bereits stark verändert. Die Vielzahl von Systemen, Tests und Methoden zur Auswahlunterstützung ist nur noch schwer zu überblicken', gibt Tröger zu bedenken." (Furkel, 2017, p. 50). Durch das Experimentieren mit neuer Software und das Optimieren der eigenen Prozesse, sind HH aktuell dabei Ihren Klienten neue Lösungen bieten zu können, die eine höhere Schnelligkeit und Qualität der Prozesse garantieren (Furkel, 2017). „Für die Personalberater gehe es mehr denn je darum, eine auf Marktwissen und -transparenz sowie langjährige Vernetzung fußende und mit Managementdiagnostik verknüpfte Kandidatenauswahl vorzunehmen, die alle Eigenschaften des beauftragenden Unternehmens und auch dessen Unternehmenskultur berücksichtigt." (Furkel, 2017, p. 51). Tröger bezweifelt stark, dass sich mithilfe von Matching-Plattformen, Social Media und dergleichen wirklich gute Ergebnisse bei der Personalsuche erzielen lassen, wenn man die Vielzahl an Einflussfaktoren der heutigen Zeit betrachtet. Hier seien qualifizierte Berater gefragt, die den ersten Kontakt herstellen und überhaupt ein echtes Interesse am Arbeitgeber wecken können (Furkel, 2017). Laut Angaben führender Personalberater, sieht sich die Branche nicht bedroht von der Digitalisierung – im Gegenteil: „Von den neuen technischen Möglichkeiten könne die Branche durchaus profitieren. So ist sich Tröger sicher, dass ein hoher Grad an Digitalisierung die verschiedenen Teilabschnitte im Prozess der Personalsuche unterstützen wird (...) 'Dabei wird das Wissen um die sinnvolle Nutzung und gezielte Anwendung von digitalen Werkzeugen ein neuer Bestandteil der Beratungskompetenz', prognostiziert Tröger." (Furkel, 2017, pp. 50–51).

In Zukunft ist eine andere Herangehensweise an die Personalbeschaffung und Managementstile in Unternehmen gefragt. Dabei können externe Personalberater wesentlich zu Verbesserungen beitragen: „Der Kandidat sucht aus', titelte beispielsweise der Focus Ende 2012. In der Stuttgarter Zeitung vom 20. Juli 2013 lautete in der Rubrik ‚Beruf & Karriere' die Titelzeile ‚Ein roter Teppich für Kandidaten'. Haben sich die Unternehmen schon auf diese veränderte Marktsituation, dem Wechsel weg vom Arbeitgeber- hin zum Kandidaten-Markt eingestellt? Eine Veränderung ist bisher nicht zu beobachten. Die Auftritte der Personalreferenten auf Recruiting Messen ist gleich geblieben. Personaldienstleister verweisen auf die Zauberkraft des ‚e-Recruiting'. So manches Unternehmen bittet in seinen Stellenausschreibungen, die Bewerbung per E-Mail an recruiting@abc.com zu schicken oder man möge vorab ein ‚online Assessment' absolvieren – ‚dauert nur 20 min'. Solange auf den Fachkräftemangel mit der Einstellung des Rekrutierens a la Gutsherrenart geantwortet wird, so lange werden wir in einem personalpolitischen Dilemma stecken. Ein Dilemma mit mittelfristigen, vielleicht sogar schon kurzfristigen negativen Auswirkungen auf unsere Wirtschaft. Das Management muss dringend lernen, dass sich die Unternehmen bei den guten Fach- und Führungskräften, den Professionals, bewerben müssen, nicht umgekehrt. Es wird höchste Zeit, mit Überzeugung und Leidenschaft Personalmarketing als KPI zu etablieren." (Stülb von Klimesch and Klimesch, 2014, p. 12). Arbeitnehmer wissen mittlerweile um ihre Stellung als rares Gut und spekulieren nicht nur auf angemessene Vergütung, sondern auch auf eine gute Betreuung während des Bewerbungsprozesses. All das kann durch Headhunter gewährleistet werden, weil sie über eine hervorragende, fachliche Expertise verfügen, sowie über Marktkenntnisse und ein Gespür für Veränderungen und Trends (Naumann, 2011). Personalberater sind stark auf Wachstumsmärkte ausgerichtet und passen ihr Geschäftsmodell dauernd gemäß den Marktanforderungen an. HR Abteilungen, die sich mit vielen anderen betriebsinternen Aufgaben und Prozessen befassen, konzentrieren sich weniger auf Marktforschung bzw. -beobachtung. Dies ist der Grund, weshalb diese auch langsamer auf akute Entwicklungen reagieren und weshalb die Inanspruchnahme von Dienstleistungen in diesem Bereich so wichtig ist (Hofmann and Steppan, 2011). Wie das in der Praxis aussehen kann, lebt die Kienbaum-Personalberatung vor: „Der umsichtig gestaltete Entwicklungsprozess der Kienbaum-Personalberatung zur Kienbaum Executive Consultants GmbH wurde von einer zielgerichteten Personalpolitik begleitet. [...] Damit konnte Kienbaum seine Branchenkompetenz weiter nachhaltig steigern. [...] Mit der Verbindung von Direktsuche, Anzeigensuche und Kombinationssuche sowie dem Jobportal kann man allen Kunden- und Kandidatenbedürfnissen gerecht werden. Der Geschäftsansatz der Kienbaum Gruppe in der Personalberatung bleibt somit ganzheitlich. Kienbaum will auf allen Unternehmensebenen Problemlösungen organisieren und überzeugende Besetzungserfolge gewährleisten. Es gibt nicht das Bestreben, als „reinrassiges" Executive-Search- Unternehmen nur die arrivierten Führungskräfte auf dem Personalkarussell hin und her zu schieben. Daraus entsteht kein ausreichender Mehrwert für den Klienten, schon gar keine Personalinnovation. Kienbaum lernt durch diese Vorgehensweise die Führungskräfte von morgen [...] früher kennen. (Hofmann and Steppan, 2011, p. 187)

Bezüglich der Arbeitsweise unseriöser Personalberater, die aber auch sehr wohl bei ihren professionellen Branchen-Kollegen keinen guten Ruf, kann gesagt werden, dass solche nicht lange auf dem Markt überleben. Gute Geschäftsbeziehungen und Empfehlungen sind hier das höchste Gut. Wer hier schlechte Arbeit leistet, wird sehr schnell vom Markt verdrängt (Lim and Chan Claudia, 2001). „Leider ist kaum ein Unternehmen davor gefeit, mal auf Headhunter zu stoßen, die Schaden anrichten anstatt zu helfen. So gibt es unseriöse Headhunter, die um an Profile für ihre Datenbank zu gelangen, Stellen ausschreiben, die es entweder gar nicht gibt oder schon längst besetzt wurden. Auf diese Art kann der Ruf eines Unternehmens durch verärgerte Bewerber geschädigt werden." Man kann aber sehr wohl davon ausgehen, dass die Zusammenarbeit mit solchen von Klienten- als auch Kandidatenseite rasch beendet sein wird (Lecturio GmbH, 2016). Wie Hofmann sagt: „Hier gibt es gute Anbieter und weniger gute, hier gibt es auch schillernde Gestalten und durchtriebene Scharlatane. Letztere sind aber Randfiguren. In der Regel trifft man bei uns hoch qualifizierte Akademiker, die auf der Grundlage strenger Qualitätsstandards arbeiten." (Hofmann and Steppan, 2011, pp. 5–6). Ein vielfach gehörter Vorwurf ist auch, HH würden die Gehälter der Manager aus Eigennutz nach oben treiben: „Aber: Es sind gerade die hochpreisigen Beratungsfirmen, die ihre Honorare nicht nach den Bezügen der Manager, sondern nach dem Schwierigkeitsgrad des Auftrags bemessen. Die Kritiker übersehen außerdem, wie stark der Wettbewerb in unserer Branche geworden ist. Heute kann sich nur derjenige behaupten, der die besten Kandidaten findet – ohne dass die Gehaltsbudgets der Unternehmen gesprengt werden müssen. Wer als Consultant überteuertes Mittelmaß präsentiert, wird schnell vom Markt gefegt." (Hofmann and Steppan, 2011, p. 6). Gerade in Österreich ist die Branche der Personalberater recht überschaubar, aber auch in größeren Ländern kennen sich die Leute gegenseitig. Laut Aussage eines HHs gibt es keine Geheimnisse unter den Geschäftspartnern und wenn ein HH die Regeln bricht, wird sein Geschäft unmittelbar an Prestige verlieren (KONECKI, 1999, p. 557).

4.2 Der Auswahlprozess: Analyse des Einflusses von Personalberatern auf Verzerrungseffekte, Vorurteile und Diskriminierung

Neben den gesetzlichen Bestimmungen und den offiziellen, wenn auch nicht verbindlichen Regelungen in der Personalberatungs-Branche, haben die persönlichen Leitbilder der interviewenden Personen Einfluss darauf, wie stark ethische Grundsätze beim Headhunting verankert sind. Persönliche Wahrnehmungsverzerrungen und Vorurteile gegenüber Kandidaten, können hier am besten beim persönlichen Interview identifiziert werden, bei welchem sowohl die HR Manager des Klienten, als auch der Personalberater selbst anwesend sind. Wie auch bei den Prozessen vor dem Hauptgespräch mit Klient und Kandidat, nimmt der HH die Rolle eines Mediators ein und ist bestrebt, die Diskussionen zu erleichtern und bei Verhandlungen zwischen den Parteien so gut es geht zu vermitteln. Die finale Personalauswahl ist insgesamt der wichtigste Teil der Arbeit von HH (Gleichen, 1987). Personalberater raten normalerweise immer an, beim Auswahlprozess anwesend zu sein, da sie dann auch einen besseren Einblick in die Art und Weise bekommen, wie die HR Abteilungen ihrer Klienten für gewöhnlich Interviews führen (Coverdill, 1998). Als vorrangig beobachtender Part, kann der HH außerdem den Kandidaten eingehend beobachten und bekommt so einen besseren Aufschluss über die Eigenschaften und das Verhalten eines Bewerbers. Nachdem die „hard skills" bereits bei Erstellung des Anforderungsprofils festgelegt worden sind und der anfängliche Pool an Kandidaten feststeht, hängt die Auswahl neuer Mitarbeiter nachweislich einzig und allein von der Persönlichkeit, (sozialen) Eigenschaften und dem Verhalten derselben ab – nicht mehr von Fähigkeiten oder Erfahrungen. Der Grund: Hard Skills können nicht auf den Fit reduziert werden, der letztendlich das Ziel ist (Coverdill, 1998). „Several recent studies, [...] suggest that certain personality and social attributes are the skills sought in new hires.[...] these studies suggest that personality traits are incorporated directly into the labor process in some jobs and organizations and thus become indicators of an individual's ability to "do the job" at the time of employee selection." (Coverdill, 1998, p. 116).

Während der mit den Kandidaten geführten Interviews, kann es zu einer Reihe unbewusster Wahrnehmungsverzerrungen kommen. Gerade, weil nur der HH bis zum ersten Interview-Termin Kontakt mit dem potentiellen Kandidaten hatte, zählt vor allem bei den HR Verantwortlichen des auftraggebenden Unternehmens der erste Eindruck. Dies wird als „Primacy-Effekt" bezeichnet, wonach die Informationen am Anfang des Bewerbungsgesprächs höher gewichtet werden, als die späteren Informationen (Weuster, 1989). Ein Kandidat wird mit größerer Wahrscheinlichkeit abgelehnt, wenn dem HR Manager das Gesagte bereits am Anfang des Gesprächs schon nicht gefällt bzw. der Eindruck vom Kandidaten insgesamt nicht sehr positiv auffällt. Die Entscheidung, ob ein/e Kandidat/in einen guten Eindruck macht oder nicht, fällt bei Interviewenden in der Regel innerhalb von zwei Minuten. Da jedes Unternehmen „Winner" rekrutieren will, die die Organisation zum Erfolg führen können, kommt es verstärkt auf das Auftreten eines Kandidaten insgesamt an. Aus Sicht von Personalberatern, setzt sich das „richtige Auftreten" aus Selbstbewusstsein, Selbstsicherheit und dem Vermitteln von Kompetenz zusammen. Ein erstes Zeichen von fehlender Kompetenz, oder einem Mangel an der richtigen Einschätzung der Situation, sehen viele HR Mitarbeiter schon an der Kleidung eines Kandidaten (Mertzanopoulos, 2014). „Aber die Erfahrung sagt, nur wer wie ein Manager aussieht, hat die Chance als solcher auch eingestellt zu werden." (Mertzanopoulos, 2014, p.41). Zwei Ausprägungen des Primacy-Effekts sind der sog. „Halo-Effekt", bei dem der Bewerber einen „Heiligenschein" aufgesetzt bekommt, wenn erste Eindruck stimmt. Der „Horns-Effekt", der entspricht genau dem Gegenteil und bedeutet, dass ein Kandidat mit „Teufelshörnern" versehen wird, sollte er einen schlechten ersten Eindruck hinterlassen haben. Dieses „Gating-Phänomen" bewirkt, dass sich ein Interviewer im Laufe des Gesprächs auf einen immer begrenzteren Bereich konzentriert und somit seine Meinung nicht mehr ganzheitlich ist (Weuster, 1989). Im Allgemeinen hängt der erste Eindruck, den ein Recruiter von einer Person erhält von dessen eigenen Hintergrundeinstellung (was dieser z.B. mag oder nicht) ab, genauso wie von dessen momentanen Wohlbefinden oder der jeweiligen Situation, in denen er einem Kandidaten gegenübersitzt. Somit ist der erste Eindruck meist ein zufälliges Ergebnis unterschiedlichster Faktoren, der durch eine sehr selektive Wahrnehmung zustande kommt. Der erste Eindruck bildet sich bereits in wenigen Sekunden. „Alle folgenden Wahrnehmungen und Informationen werden so gewertet, dass sie den ersten Eindruck nachhaltig stützen und ins bereits gemachte Bild passen" (Stockhausen, 2014). Während häufig viele andere (positive) Informationen über und von einer Person außer Acht gelassen werden, stehen andere Dinge, wie Gesichtsausdruck, Sprechweise oder auch das äußere Erscheinungsbild von Menschen im Fokus (soft-skills.com). Gerade Äußerlichkeiten sind oft K.O.-Kriterien, die unterbewusst die Personalentscheidungen beeinflussen (Stülb von Klimesch and Stülb von Klimesch, 2014). Die Tatsache, dass bei der externen Personalbeschaffung durch einen Headhunter die Bewerbungsgespräche eines Kandidaten mit verschiedenen HR Verantwortlichen geführt werden und beim finalen Gespräch in jedem Fall zwei Personen (wenn nicht sogar mehr) zur Beurteilung des zukünftigen Mitarbeiters anwesend sind, macht es wahrscheinlicher, dass mehrere Eindrücke zu einem objektiveren Ergebnis führen. Es ist nur logisch, dass nicht alle dieselbe Gemütsstimmung haben, auf dieselben Dinge gleichzeitig achten, und genauso wenig ist die Hintergrundeinstellung bei allen Anwesenden die gleiche. Die neutralisierende Rolle von Headhuntern wird durch folgende Erfahrung eines Personalberaters und dessen detaillierte Schilderung der Gegebenheiten während eines Recruiting-Prozesses deutlich: „Im finalen Interview nahm ich als Beobachter teil. Sehr schnell wurde deutlich, dass sich das Gespräch vom klassischen Auswahl-Interview hin zu einem Fachgespräch zwischen Kandidat und dem EMEA-Sales Chef entwickelt. Die beiden Männer fachsimpelten über Wettbewerbsstrukturen, Preisentwicklung und Markttrends. Für mich stand fest, das ist der richtige Kandidat. […] Meine Euphorie wurde schlagartig gebremst. Mein Kunde werde trotz erstklassigem ‚Skill-Set' dem Kandidaten kein Angebot unterbreiten. Die Begründung lautete: Sein äußeres Erscheinungsbild würde nicht zur Position passen. Das weiße Hemd unter dem dunkelblauen Anzug sei nicht business-like, weil die Knopflöcher mit farbigem Garn eingefasst seien. Auch die Frisur sei etwas in Unordnung gewesen. […] gesagt, dass ich die Kritikpunkte verstanden habe, aber nicht nachvollziehen kann, dass es K.-O.-Kriterien sind. Man möge bitte zwischen Kriterien, die zwingend und von der Führungskraft nicht mehr beeinflussbar sind von solchen Merkmalen zu unterscheiden, die man verändern kann. Wie kann es sein, dass man auf so viel Fachkenntnis und Insider- Wissen verzichtet, bloß weil das veränderbare Outfit nur zu 95 % passt? Mein Argument war: An einem Outfit kann man arbeiten. Man müsse lediglich mal mit dem Kandidaten über diesen Kritikpunkt sprechen. […] Ich habe ihn höflich gefragt, ob wir offen über sein äußeres Erscheinungsbild sprechen können oder ob er es als eine unzulässige Einmischung in seinen Persönlichkeitsbereich empfindet. Wir konnten offen über die beanstandeten Punkte sprechen. Kurzum: Der Kandidat wurde eingestellt und hat über Jahre bei meinem Kunden einen exzellenten Job gemacht. Erst meine Intervention und das Hinterfragen von Situationen hat meinen Kunden vor einer verpassten Chance bewahrt. Es hat auch später immer wieder Situationen gegeben, in denen ich als Vermittler, Übersetzer von Interessen zwischen den beiden Parteien vermeintliche Hürden aus dem Weg geräumt habe. [...] Der ‚Embedded Hunter' [...] sollte je nach Situation auch die Rolle eines Mediators übernehmen. Es ist allzu menschlich, dass man ungewollt aneinander vorbeiredet." (Stülb von Klimesch and Klimesch, 2014, pp. 49–50). Gerade, wenn es um menschliche Dinge und das Verständnis für spezielle Situationen geht, können HH folglich sehr häufig durch Rückfragen und das Aufbringen von Verständnis für beide Parteien zu optimalen, langfristigen Matchings beitragen. Der Grund, weshalb Jemand nicht passend gekleidet zu einem Gespräch erscheint, kann schließlich viele Gründe haben (Stülb von Klimesch and Stülb von Klimesch, 2014). So können HH vermeintlichen voreiligen Schlüssen von HR Verantwortlichen entgegenwirken und gegebenenfalls Denkanstöße liefern. Natürlich ist das nicht immer möglich, denn es sind bedeutend mehr positive Informationen notwendig, um eine zuvor durch „Knockout Informationen" erzeugte negative Meinung, wieder in ein positives Gesamtbild zu verwandeln (Weuster, 1989).

Ein ähnlicher Analogiefehler ist der „Kontrast-Effekt" (auch: Maßstabs-Effekt), wonach die Qualität vorangegangener Bewerber die Beurteilung direkt nachfolgender Bewerber zu einem gewissen Grad beeinflussen kann. Wurde ein Kandidat zuvor als nicht geeignet empfunden, kann es passieren, dass die Interviewer den nächsten Kandidaten besser bewerten, als er ist – oder auch anders herum (Weuster, 1989). Im Regelfall finden Vorstellungsgespräche mit verschiedenen Kandidaten unter Zusammenarbeit mit HH nicht unmittelbar hintereinander, sondern in größeren Abständen statt – zumindest, wenn es sich um seriöse Dienstleister handelt, die nach Qualität und nicht nach Quantität suchen. (REFERENZ) Wenn man es mit den Bewerbungsverfahren der Mehrheit von Unternehmen vergleicht, bei denen eine Vielzahl an Interviews über einen Tag verteilt stattfinden, so besteht mit einem externen Personalberater eine geringere Gefahr von Massen-Interviews. Der Kontrast-Effekt ist also im Gegensatz zum Recruiting durch HR Abteilungen etwas unwahrscheinlicher, bei denen meist viele Interviews nacheinander geführt werden.

Wie mit der bisherigen Literatur bereits belegt wurde, findet oft eine Vielzahl an Treffen zwischen HH und Kandidaten statt. Durch den längeren Kontakt und die bereits geführten Telefonate, die ausgiebige Recherche, Nachfolge-Termine etc. sind sie folglich in der Lage, einen Kandidaten sehr objektiv zu beurteilen und sich nicht von falschen Erwartungen oder Vorurteilen leiten zu lassen. Durch ihre externe Stellung, haben auch Verzerrungen bzgl. der Persönlichkeit und den Charaktereigenschaften eines Kandidaten weniger Gewicht, da sie nicht in Zukunft mit dem Kandidaten arbeiten werden.

Laut Weuster hängt die Güte des Interviews als Auswahlinstrument vorrangig vom Ausmaß der Strukturierung und Standardisierung ab. Umso mehr die Themenbereiche, die Formulierungen, die Reihenfolge und die Beantwortung der relevanten Fragen vorgegeben sind, desto hochwertiger sind die Beurteilung der Kandidaten und damit der Vergleich unter ihnen. Bei unstrukturierten, eher frei geführten Interviews (wie es oft bei HR Abteilungen der Fall ist) werden schnell Vorurteile gebildet, auch wenn noch nicht alle Informationen vorliegen. An der dann unterbewusst getroffenen Entscheidung lässt sich oft im weiteren Verlauf nichts mehr ändern, was im Wesentlichen einer „Testverkürzung" entspricht (Weuster, 1989). Außerdem sorgen strukturierte Interviews durch HH für eine angemessene Einschätzung der Eignung eines Kandidaten für den Job. Nach der genauen Analyse der Stellen-Anforderungen, werden die Interview-Fragen darauf konzipiert. „Der Analyse der Stellen-Anforderungen [...] kommt eine Schlüsselfunktion zu [und] gehört zu den Grundvoraussetzungen einer adäquaten Standardisierung des Interviews. Die Analyse kann zu einem ‚situativen Interview' (Verhaltensbeschreibungs-Interview) verarbeitet werden, in dem die Bewerber nach der ‚Methode der kritischen Ereignisse' zu ihrem Verhalten in arbeitsplatzrelevanten kritischen Situationen befragt werden." (Weuster, 1989, p.6). Laut Weuster, führen HR Verantwortliche Interviews häufig ohne genaue Kenntnis und Analyse der Anforderungen der offenen Position, was besonders problematisch ist, wenn bei einer „Aufgabendiskontinuierlichen Qualifikationsstruktur" kein ausreichendes Wissen über Aufgabengebiet vorliegt.

Die Objektivität im Interview wird ebenso durch die Eile, eine Stelle so schnell wie möglich zu besetzen getrübt. HR Verantwortliche neigen dann dazu, weniger kritische Fragen zu stellen bzw. Bewerbern Hilfestellungen in Form von Suggestivfragen zu geben (Weuster, 1989). In diesem Zusammenhang kann die Anwesenheit eines Personalberaters zu einer objektiveren Sicht der Sachverhalte führen und das Anspruchsniveau an die Kandidaten durch vorherige Festsetzung des Anforderungsprofils beibehalten werden (Weuster, 1989). Durch ihre profunde Erfahrung in der Interview-Führung und der Ausarbeitung von Gesprächsleitfäden mit ihren Klienten, sowie die Befolgung methodischer Standards werden unstrukturierte Interviews durch die Zusammenarbeit mit Personalberatern vermieden (Hofmann and Steppan, 2011). Die systematische Durchführung von Bewerbergesprächen, sorgt für eine Bewertung aller Kandidaten anhand einheitlicher Werte und richtet den Fokus auf das Wesentliche. Das finale Urteil wird somit nicht intuitiv gefällt, sondern aufgrund von standardisierten Kriterien, die bei jedem Kandidat entsprechend gewichtet werden (Meriläinen et al., 2015). "After guiding the search for candidates, the scoping document plays an important role in the final selection of the new leader. Rather than fall prey to the charisma of particular candidates in interviews (narcissists often interview very well), the scoping document represents the realistic challenges and their implications for the new leader. Furthermore, it frames the choice among finalists triangularly: the fit of each to the challenges rather than a competition among the finalists. As Mant's (1983) conceptualization of triadic thinking suggests, this is less susceptible to fight/flight distortions. One of the typical failures in search processes is overreacting to some aspects of the prior leader.[...]" (Gilmore, 2007, pp. 66–67).

Es kann weiters zu „Synchronitäts-Effekten" kommen, bei dem das verbale und nonverbale Verhalten des Interviewers ein spiegelbildliches Verhalten beim Bewerber auslösen kann und es in weiterer Folge zu einer „Self-fulfilling Prophecy" kommt. Das bedeutet, dass sich der erste Eindruck des Interviewers bestätigt – je nachdem, ob dieser Anzeichen von Wertschätzung, Ablehnung, Aufmerksamkeit oder Desinteresse geäußert hat (Weuster, 1989). Ebenfalls können unter selbsterfüllenden Prophezeiungen auch die Erwartungen des HR Verantwortlichen verstanden werden, die sich nach Durchsicht der Bewerbungsunterlagen gebildet haben. Es ist sehr wahrscheinlich, dass ein Kandidat im Interview fälschlicherweise für nicht geeignet befunden wird, wenn bereits seine Unterlagen nicht gefallen haben. Dies gilt auch im gegengesetzten Fall (Weuster, 1989). Die Arbeit mit einem HH kann bei diesen Verzerrungen HR Manager davor bewahren, in diese Fallen zu treten. Durch die eingehende Recherche über sorgfältig ausgewählte Kandidaten, wird der Klient schon im Vorfeld der Vorstellungsgespräche vom HH über die Kandidaten informiert, was bei seriösen Beratern mit sachlichen Fakten geschieht (Gleichen, 1987). Vor diesem Hintergrund werden voreilige Schlüsse und eine zu hartnäckige Fokussierung des Klienten auf die bloßen Unterlagen oder den ersten Eindruck eines Kandidaten vermindert. Zudem ist der gut informierte Personalberater davor gefeit, einer eventuellen positiven Eindrucksmanipulation zu verfallen und den aus Gründen der sozialen Verträglichkeit geäußerten Behauptungen Glauben zu schenken. Personalberater informieren sich sehr genau über die Hintergründe, bisherigen Erfahrung und auch ehemalige Arbeitsstellen von Kandidaten, um ein genaues Bild ihrer Fähigkeiten und Qualitäten als zukünftiger Mitarbeiter des Klienten zu bekommen. Dazu verlassen sie sich auch auf Referenzen von früheren Arbeitgebern und Kollegen (Lim and Chan Claudia, 2001). Sollte ein Kandidat nicht seinen Behauptungen entsprechen, oder sollte er falsche Angaben machen, fällt dies dem HH auf und er wird den HR Verantwortlichen des Klienten spätestens nach dem Interview darüber aufklären. Man kann aber davon ausgehen, dass ein HR Manager bereits im Vorfeld über die Tatsachen und Fakten vom HH aufgeklärt wurde, was die Kandidaten betrifft. Bezüglich der Synchronitäts-Effekte, bei der es häufig zur Spiegelung von Verhaltensweisen kommt, ist die Anwesenheit mehrerer Personen beim Vorstellungsgespräch zu empfehlen, da die Kandidaten nicht nur die Reaktion eines Gegenübers wahrnehmen und es so zu einer neutraleren Haltung von Seiten des Kandidaten kommt. Des Weiteren kann man schlussfolgern, dass auch der HR Verantwortliche unter Anwesenheit des Personalberaters mit überschwänglichen Verhaltensweisen zurückhaltender sein wird – zumindest, wenn diese negativ ausfallen (im Sinne sozialen Erwünschtheit). Weiters können sich HH durch die Gesprächsführung mit Leuten aus der beruflichen Vergangenheit von potenziellen Kandidaten und die Kontaktierung von ehemaligen Kollegen, die mehr Erfahrung mit diesen gemacht haben, ein genaues Bild über deren Persönlichkeit und Fähigkeiten machen (Gleichen, 1987).

Probleme der positiven Eindrucksmanipulation beziehen sich auf falsche Aussagen von Kandidaten, die der sozialen Erwünschtheit entsprechen, jedoch nichts mit den Tatsachen zu tun haben: „Die Annahme, Bewerber würden im Interview unbeeinflußt und aufrichtig antworten, ist eine Fiktion; Schon bei selbstenthüllenden Fragen in konsequenzlosen Meinungsbefragungen wird in beachtlichem Maße unwahr geantwortet. Um ein Arbeitsplatzangebot zu erhalten, werden Bewerber ihre Stärken herausstreichen, ihre Schwächen verdecken und wohl oft im Sinne der vermuteten Auffassung des Interviewers oder im Sinne 'sozialer Erwünschtheit' [...] Ein Beurteiler muß auch sehen, daß nicht alle Bewerber fähig sind, ihre Berufserfahrung, ihre Kenntnisse und Fähigkeiten vorurteilslos einzuschätzen. Vermutlich besteht bei der Selbsteinschätzung eine Tendenz zur Selbstüberschätzung. Auch ist es für Bewerber objektiv sehr schwer, ihre Eignung für die freie Stelle richtig einzuschätzen." (Weuster, 1989, pp. 15-16). Laut Mertzanopoulos ist die soziale Erwünschtheit ein großer Störfaktor bei Befragungen in Sozialwissenschaft und Marktforschung. Da Kandidaten laufend Antworten geben, die im Sinne der Allgemeinheit oder des Gegenübers sind, weil sie sich damit höhere Erfolgschancen versprechen, gilt dieser Aspekt als einer der häufigsten Verzerrungen in der korrekten Beurteilung von Bewerbern. Im Rahmen des Recruiting-Gesprächs ist dies ein großes Problem (Mertzanopoulos, 2014). Die zuvor genannten Recherche-Methoden von Personalberatern, können verhindern, dass sich die Interviewenden von Falschaussagen fehlleiten lassen. Ebenso beugt das Heranziehen unterschiedlichster Referenzen in Kombination mit „harten Fragetechniken" weiteren Urteilsfehlern vor (Gleichen, 1987).

Ein wichtiger Punkt bei der Personalselektion unter Einbindung eines unabhängigen Personalberaters, ist eine grundsätzlich andere Sichtweise der Dinge. Wie so oft, bestätigt sich die Annahme, dass „vier Augen mehr sehen, als zwei", wenn man unterschiedliche Perspektiven berücksichtigt, wie die Aussage eines HHs beweist: „Once I phoned a customer and told him that I had a chap who fitted his specification. The chap had moved to the tourist industry five years earlier and opened a firm in the Hawaiian Islands manufacturing surfboards, and now he returned, because the firm had gone bankrupt. Let me tell you why I like him. Owing to the bankruptcy he learnt what profit meant and what a firm in trouble meant. He had worked 14 hours a day, a good work ethics. Thus, you know that he was in business for a long time and he will contribute experience to your firm, which you would not find anywhere else... It is my job to sell a part of somebody, which we cannot normally see' [...]." (KONECKI, 1999, p. 563). Ähnlich verhält es sich auch mit anderen allgemeinen Annahmen. Probleme bei mehreren Entscheidungsträgern in Firmen ergeben sich hier durch unterschiedliche Meinungen bzgl. Informationen über Kandidaten. So können häufige Firmenwechsel eines Bewerbers von einem HR Mitarbeiter als negativ - im Sinne von „Job oder Company hopping" – beurteilt werden, und von einem anderen als positiv, im Sinne eines gezielten Aufbaus von Berufserfahrung oder als Zeichen von hoher Mobilität (Weuster, 1989). Im Gegensatz zu den USA ist es in Österreich generell so, dass dies aber vorwiegend als schlecht gewertet wird. Hier schätzt man Kontinuität und man erwartet, dass sich die Investition in Mitarbeiter langfristig rechnet. Allerdings sind „14 Jahre Vertriebsleiter Ostösterreich" in der Regel auch kein gutes Image (Mertzanopoulos, 2014). Während in den Köpfen der meisten Recruiter noch verankert ist, einen Kandidaten, der alle drei Jahre seinen Arbeitgeber wechselt lieber auszusortieren, können hier Headhunter durchaus anderer Meinung sein und HR Managern eine andere Einstellung zum Sachverhalt näherbringen: Für HH steht ein häufiger Wechsel auch für Flexibilität, einem umfangreichen Erfahrungsschatz an verschiedenen Unternehmenskulturen und somit eine höhere Integrationsfähigkeit (Schloßbauer, 2017). Die Beratung eines auf eine bestimmte Branche spezialisierten Headhunters kann hier helfen, die Informationen entsprechend den Gegebenheiten in auszuwerten. Beispielsweise sind häufige Unternehmenswechsel in einer schnelllebigen Branche wie die der IT üblich (Schloßbauer, 2017).

Beim persönlichen Aufeinandertreffen von Personen spielt ebenso die Wahrnehmung physischer Eigenschaften des Gegenübers eine wesentliche Rolle. Diverse Studien haben gezeigt, dass die Zuschreibung von Kompetenz bei einzelnen Individuen u.a. stark mit Körperbau und Geschlecht zusammenhängt. Vor allem bei Führungs- und Management Positionen ist die physische Präsenz von Kandidaten für viele Recruiter wichtig. Es wird argumentiert, dass der „Managerial body" als maskulin gilt und dass ein weiblicher Körper unterlegen ist (Meriläinen et al., 2015). Das bestätigt auch Weuster. Generell besteht bei Interviewern eine Tendenz dazu, weibliche Bewerber niedriger als männliche Bewerber zu beurteilen, auch bei gleicher Qualifikation. Frauen werden außerdem schlechter beurteilt als Männer, wenn ihr Anteil an der Bewerberanzahl deutlich unter dem der Männer liegt. Dieses Phänomen hat bei der Auswahl durch einen HH jedoch keine Bedeutung, da dieser sich die Kandidaten ohnehin eigens für seinen Klienten heraussucht. Bei traditionell rollen-kongruenten Positionen werden sowohl Männer, als auch Frauen jeweils bevorzugt (Weuster, 1989). Auch bei offenen Positionen in den niedrigeren Rängen, erleben HH immer wieder, dass durch die HR Verantwortlichen bedeutende Unterschiede zwischen männlichen und weiblichen Kandidaten gemacht werden, was rein sachlich nicht begründet werden kann. Selbst nach 28 Jahren Erfahrung als Personalberater kann Jacques André Mertzanopoulos nur Vermutungen anstellen, welche allerdings recht plausibel klingen: Ein Verdacht ist, dass sich beispielsweise männliche Recruiter vor Frauen fürchten – dies kann vielerlei Gründe haben. Die Angst in einem Interview zu unterliegen, führt häufig zu sehr unfairen, gewagten Fragen. Eine Frage, die (obwohl sie gesetzlich verboten ist) immer wieder gestellt wird, ist zum Beispiel folgende: „Haben Sie Vorstellungen, was Ihre Familienplanung anbelangt?". Ebenso die Frage „Was wird Ihr Mann denn sagen, wenn Sie so viel auf Reisen sind?" ist im Grunde unangebracht (Mertzanopoulos, 2014). Erstere Frage wurde mir persönlich schon einmal gestellt, als ich mich kurz nach dem Abitur für ein Duales Studium bewarb. Auf der Seite von weiblichen Recruitern kommt es aber ebenfalls sehr oft zu einer

Diskriminierung von weiblichen Kandidaten. Es ist erfahrungsgemäß so, dass Frauen andere Frauen nicht so fördern, wie es bei Männern untereinander der Fall ist (Mertzanopoulos, 2014). Auch hier habe ich wieder ein Beispiel aus eigener Erfahrung machen dürfen: Während meines Studiums absolvierte ich ein Praktikum in einem bekannten Steuerberatungs- und Wirtschaftsprüfungsunternehmen. Rückblickend muss ich sagen, dass ich „leider" in ein Team mit überwiegendem Frauenanteil kam, in dem sich das typische „Ellenbogen-Denken" in nicht hilfsbereiter bis geringschätziger Manier gegenüber meiner Person niederschlug. Auch Mertzanopoulos sagt folgendes: „Die weibliche Konkurrenz ist oft ein Problem – umsonst sagen nicht so viele Frauen, dass es schlimm sein kann, nur mit Frauen zu arbeiten." (Mertzanopoulos, 2014, p.44). Ein weiterer Grund, weshalb Männer häufig gegenüber Frauen bevorzugt werden, ist die klassische Rollenverteilung. Bei klassischen Frauenpositionen wie Assistentin, Buchhalterin, Sachbearbeiterin, etc. gibt es selten ein „Weiterkommen". Stattdessen werden für Management-Positionen lieber Männer eingestellt. Frauen, die mit Kindern, oder nach der Karenz-Zeit den Wiedereinstieg schaffen wollen, haben es auf dem Arbeitsmarkt – selbst im Österreich des 21. Jahrhunderts ebenfalls nicht leicht und verdienen im Falle einer Einstellung häufig bis zu 25% weniger als ihre männlichen Kollegen (Mertzanopoulos, 2014). Für Mertzanopoulos als erfahrenen Personalberater, stellt dies eine deutliche Benachteiligung dar und gehört nicht zur eigenen Unternehmenspraxis.

Mehrere Quellen belegen außerdem, dass die physische Attraktivität von Bewerbern eine große Rolle bei der Kandidatenbeurteilung spielt. Sowohl bei Männern, als auch bei Frauen bewirkt diese eine vorteilhafte Beurteilung bezogen auf die später zu erwartende Leistung und der Persönlichkeit und damit bessere Einstellungschancen (Weuster, 1989). Ebenso wird Übergewichtigen weniger Kompetenz zugesprochen, als Normalgewichtigen. Dies sind jedoch nicht die einzigen körperlichen Aspekte die eine Rolle bei der Kandidatenbeurteilung spielen können. Gestik, Stimme, Atmung, Handdruck, genauso wie der Geruch des Gesprächspartners fließen unbewusst in die Beurteilung mit ein. All das wird von den Sinnen des Interviewers benutzt, um einem Bewerber sozio-kulturelle Eigenschaften zuzuschreiben und daraus wiederum abzuleiten, ob dieser in die Unternehmenskultur passt (Meriläinen et al., 2015). „Markers of bodily difference such as gender, age, race and ethnicity attain particular cultural meanings." (Meriläinen et al., 2015, p. 8). Eine Form der Diskriminierung stellt auch die Verurteilung von Bewerbern mit Piercings oder Tätowierungen dar. Obwohl das Aussehen reine

Privatssache ist und ein Arbeitgeber den Körperschmuck (in welcher Form auch immer) rein rechtlich nicht verbieten darf, ist es wie mit den anderen Formen von Diskriminierung so, dass sich die Arbeitswelt, selbst heute, nicht durch Gesetze (und mögen diese noch so ethisch korrekt sein) regeln lässt. Die Ablehnung eines Kandidaten wird dann meist mit Kompetenzzweifeln begründet. Gerade Österreich ist noch sehr konservativ, was diese Dinge betrifft und das Beste, was man erwarten kann, ist dass es der Karriere nicht schadet. Wahrscheinlich werden Tattoos immer noch unterbewusst mit Kriminellen, Matrosen, oder Menschen die provozieren und sich nicht „ins System" einfügen wollen in Verbindung gebracht (Mertzanopoulos, 2014). Äußerlichkeiten hängen auch oft mit dem Halo- oder dem Heiligenschein-Effekt zusammen: Wie ein Heiligenschein überstrahlen bestimmte als positiv oder negativ wahrgenommene Merkmale das Gesamtbild. Einzelaspekte werden auf die Gesamtperson verallgemeinert. Aus einzelnen Eigenschaften werden oftmals Ketten von Folgeeigenschaften zu einer Gesamtassoziation abgeleitet (beispielsweise werden weniger attraktiven Menschen auch gleich eher negative soziale Eigenschaften zugeschrieben und umgekehrt). Besonders hervorstechende Eigenschaften oder Leistungen prägen das Urteil eines HR Mitarbeiters, sodass andere relevante Dinge bei einem Kandidaten ausgeblendet werden (Stockhausen, 2014).

In Zusammenhang mit körperlichen Eigenschaften von Kandidaten, wird ein höheres Alter ebenfalls hauptsächlich als negativ eingestuft und mit abnehmender Produktivität und einer höheren Abwesenheitsrate aufgrund von Krankheit verbunden. Bei Frauen wirkt dieses Vorurteil noch stärker als bei Männern. Sie gelten laut einer Studie bereits ab 40 Jahren als zu alt (Meriläinen et al., 2015). Auch, wenn es heute offiziell verboten ist das Alter bei Kandidaten in Stellenanzeigen etc. vorzuschreiben, bewirkt die vom Gesetzgeber gutgemeinte Hilfestellung in Wahrheit nur, dass Arbeitgeber und Personalverantwortliche sich nun, statt die Wahrheit zu sagen, offiziell erlaubte Absagegründe überlegen müssen (Mertzanopoulos, 2014). Das kritische Alter beginnt laut Mertzanopoulos schon weit vor dem 50. Geburtstag. Wer mit 40 Jahren z.B. noch keine Führungserfahrung oder keine Schlüsselrolle besetzt hat, wird es auf dem Arbeitsmarkt schwer haben eine solche noch zu bekommen. Neben der vermuteten, altersbedingt nachlassenden Leistungsfähigkeit, scheitert die Einstellung älterer Kandidaten meistens an zwei Aspekten: Erstens sind die HR Verantwortlichen, die für das Recruiting zuständig sind oft jünger als die Bewerber für manche Positionen. Die jüngeren Entscheidungsträger trauen sich sehr häufig nicht zu, ältere Mitarbeiter zu führen. Nach Aussage von Mertzanopoulos sind die Angst jemanden einzustellen, der womöglich bessere Kontakte und ein Mehr an Erfahrung mitbringt und diese auch nutzbringen einsetzen könnte, stellt für viele HR Manager eine Bedrohung ihrer Stellung dar". Alter und Erfahrung der HR Verantwortlichen selbst können auch im umgekehrten Sinne zum Problem für die Kandidatenauswahl werden. Es kommt sehr häufig vor, dass gerade jüngere HR Manager/ Mitarbeiter nachsichtiger sind und vor allem bei Dringlichkeit der Stellenbesetzung auch weniger qualifizierte Kandidaten bereit sind einzustellen. Im Gegensatz dazu, sind ältere und erfahrenere Recruiter oft zu kritisch und weniger kompromissbereit, was dazu führen kann, dass viele – eigentlich gute – Kandidaten aussortiert werden (Weuster, 1989). Durch die mehrjährige Routine in der Personalbeschaffung und die sorgfältige Auswahl von Kandidaten gemäß der Kriterien hinsichtlich des „Fits", haben Personalberater das notwendige Wissen die am besten geeigneten Kandidaten zu finden und diese objektiv zu bewerten, unabhängig von der unternehmensinternen Situation der Klienten (Bilen, 2012). Sie kennen den Arbeitsmarkt und die zu Verfügung stehenden Kandidaten genau genug, um zu wissen, wo man Kompromisse machen kann und wo nicht. Sie sind es außerdem gewohnt, unter zeitlichem Druck zu arbeiten, sodass keine voreiligen Entscheidungen getroffen werden (Stülb von Klimesch and Klimesch, 2014). Laut Mertzanopoulos ist „Aus Sicht des Personalberaters [...] das Alter nicht wirklich ein K.-o.-Kriterium – oder sagen wir, selten ein Ausschließungsgrund." (Mertzanopoulos, 2014, p.2). Trotz des Wissens um den demografischen Wandel und der Fachkräfte-Verknappung, sind die meisten Arbeitgeber jedoch noch nicht bereit ältere Kandidaten in Erwägung zu ziehen. (Mertzanopoulos, 2014). Headhunter machen aber auch bei Kollegen in der Branche immer wieder die Erfahrung, dass viele Bewerber aufgrund ihres Alters im Recruiting-Prozess benachteiligt werden: „Some headhunters revealed and discussed selection criteria relevant to assessments of fit that were discriminatory and sometimes illegal. These appeared most often in the form of concerns about a candidate's age and appearance." (Coverdill, 1998; Finlay and Coverdill, 2002, p. 114). Oftmals werden den Klienten bestimmte potentielle Kandidaten gar nicht erst präsentiert, obwohl diese bis auf ihr Alter eigentlich ausreichend qualifiziert wären (Coverdill, 1998).

Auch wenn vom Klienten unabhängige Dritte im Allgemeinen objektiver auf Kandidaten eingestellt sind werden körperliche Erscheinung und Bewegungen durchaus auch von Headhuntern mit bestimmten Fähigkeiten und Eigenschaften in Verbindung gebracht. Die unterbewussten Wahrnehmungen, lassen sich natürlich von den besten Methoden in der Personalbeschaffung nicht ganz unterbinden: „[...] being visible, which attains positive connotations in headhunters' talk about candidates. [...] Similarly, 'activeness' is generally preferred over 'thinking', [...] you look like a 'back office guy' or you come across as a 'thinker' rather than a 'doer', you do not meet the criteria for visibility and you do not qualify as an executive. In addition to bodies-in-flesh, the executive search consultants talk about the embodied copresence by referring to it as 'energy' and 'intensity'. This [...] seems to be one of the most significant criteria for sorting out the suitability of candidates: 'Well, I'd say that it's energy level and intensity level, those need to be high, [...] you can't be flabby, there's got to be intensity there'. The positive meaning and relevance of 'energy level' and 'intensity level'–in contrast to being 'flabby'–also become apparent through frequent references to 'lighting up', 'being forthright', 'passion' and 'excitement'. [...] the candidate needs to appear energetic and intensive. This is one example among many that shows how difficult it is to talk about something that one senses. [...] question 'what's an excited body posture?' is received with an embarrassed 'a little towards you' and a spontaneous demonstration by the headhunter who draws on culturally available body techniques [...] The exchange of words above is exemplary of how talking about executive bodies is laden with taboos. It is possible that the headhunter bases his reading of what counts as 'excitement' not only on visual perception and sound, but also on touch and scent–on a mixture of sensual perceptions (Strati, 2007)." (Meriläinen et al., 2015, pp. 12-13). So ist auch der bekannte feste Händedruck ein allgemeines Zeichen für Selbstbewusstsein, während ein lockerer Händedruck als ein Mangeln an Durchsetzungsvermögen angesehen wird. Eine sportliche Erscheinung wird ebenfalls im Allgemeinen mit der mentalen und physikalischen Leistungsfähigkeit in Verbindung gebracht (Meriläinen et al., 2015). „ 'Sportiness' is associated with stamina and being proactive [...]" (Meriläinen et al., 2015, p. 13). Wie ein Interview mit einem HH deutlich macht: „The shape and size of human bodies matter. It can be argued that being overweight [...] is unacceptable in executive management–a sign of not being fit–and that this concerns men in addition to women. However, shape and size also demonstrate the fluidity of body talk. Combined with small male body size, force of personality can be a burden. 'To put it crudely, that guy suffers from a small man complex', was the description of one of the candidates. [...] the headhunter said that the candidate was 'small, uptight, and formal'. On another occasion, the large body size of the candidate turned against him: 'he is a tall guy, two meters tall and this wide [gestures with hands]' and 'think about it, a guy of that size, and I'm small, 175 centimeters, and

I'm thinking: "why is this guy so nervous?"' [...] A physically small man who comes across as 'uptight' and a tall man who appears as 'nervous' have both lost it, even if they look to be in shape." (Meriläinen et al., 2015, pp. 14-15). Folglich sind selbst Headhunter nicht gegen alle Wahrnehmungsverzerrungen und Urteilsfehler immun.

Insgesamt lässt sich sagen, dass Äußerlichkeiten an Kandidaten unbewusst zu gewissen Vorurteilen gegen diese führen können. Zahlreiche Interviews mit HH haben ergeben, dass es allgemeine Vorstellungen darüber gibt, wie erfolgreiche Kandidaten auszusehen haben, v.a. wenn es um höhere Positionen geht, und dass diese eine bestimmte Ausstrahlung aufweisen. Interessanterweise spielt die Nationalität (also auch Haut-, Haar-, und Augenfarbe) eine untergeordnete Rolle bei den Auswahlprozessen von Klienten. Vor dem Hintergrund der Globalisierung, zunehmenden Mobilität und Vernetzung, ist es zudem nicht verwunderlich, dass HH zunehmend nach Kandidaten unterschiedlicher Ethnizität und Kultur suchen bzw. nach Personen mit mehrsprachigem Hintergrund (Faulconbridge et al., 2009). „In particular, because clients are often transnational corporations, there is often a desire to recruit a 'global elite', someone who is part of what Sklair (2001) describes as a transnational capitalist class. Indeed, even clients operating in only one country often want a 'worldly' executive that can bring with them experience from multiple countries." (Faulconbridge et al., 2009, p.25). Man kann also davon ausgehen, dass es zumindest hinsichtlich der Nationalität von Kandidaten seitens Personalberater selten zu Vorurteilen und Diskriminierung kommt, zumal da diese häufig auch für internationale Unternehmen tätig sind (Faulconbridge et al., 2009). Dass Personalberater in Österreich die Vorteile von Menschen mit Migrationshintergrund erkennen, und gerade auch jüngere Mitarbeiter aus anderen Kulturkreisen anlernen, zeigt Mertzanopoulos selbst in seinem Buch.

Körpergewicht und Alter dagegen spielen bezüglich des äußeren Erscheinungsbildes eine wesentlich bedeutendere Rolle. Athletische Bewerber werden positiver und leistungsfähiger wahrgenommen, als ältere und übergewichtige Bewerber (Coverdill, 1998). Wie ein Jeder es auch definieren mag - feststeht, dass gutes Aussehen und Schönheit dehnbare Begriffe sind. Wie Mertzanopoulos aber beobachtet hat, haben es „fesche, gesund aussehende" Menschen auf dem Arbeitsmarkt und daher auch bei HR Verantwortlichen leichter. Gemäß dem bekannten Satz „Ein Bild sagt mehr als tausend Worte", lässt Mertzanopoulos durchscheinen, dass man zwar nicht wie ein Hollywoodstar aussehen muss, aber „ein bisschen Schönheit" durchaus hilft. Auch wenn der HH und Personalberater sich selbst und

Kollegen aus der Branche als politisch korrekt und unvoreingenommen beschreibt, was das Aussehen von Bewerbern angeht, so gibt er zu, dass Fotos im Lebenslauf Anlass für eine voreingenommene Bewertung von Kandidaten sein können. Anhand des Bewerbungsfotos lässt sich z.b. häufig schließen, ob und wie viele Gedanken sich ein Kandidat macht bzw. was er womöglich damit ausdrücken will (Mertzanopoulos, 2014). Zu beachten ist auch, dass viele Arbeitgeber für die die HH arbeiten bestimmte Vorstellungen von ihren zukünftigen Mitarbeitern haben. So gibt es Unternehmen und Positionen, für die ein bestimmtes Aussehen gewünscht wird (Sales Manager, Sekretärinnen, Empfangsdamen, souveräne Jungberater etc.) (Mertzanopoulos, 2014).

Ein weiterer Anhaltspunkt, nachdem viele ungeschulte Recruiter ihre Personalauswahl treffen, bezieht sich auf die soziale Ähnlichkeit oder Gleichheit: „Social and interpersonal skills, in turn, are proxied in the employee selection process by social similarities. Assessments of fit based on social similarity thus become synonymous with assessments of the likelihood that a candidate can ‚do the job'." (Coverdill, 1998, p.107). Der Grund dafür ist häufig die Unsicherheit innerhalb von Organisationen, sodass HR Verantwortliche häufig die Leute auswählen, mit denen sie Gemeinsamkeiten (Hintergrund, Nationalität, sonstige Interessen) haben. Selbst die für den spezifischen Job wichtigen „Hot Buttons" können nicht auf soziale Gleichheit reduziert werden (Coverdill, 1998). Die Bevorzugung von Kandidaten mit ähnlichen, sozialen Hintergründen wird auch als Grund für mangelnde Diversität innerhalb vieler Unternehmen gesehen und hängt direkt vom so genannten „Unsicherheits-Quotienten" der HR Manager ab: „[...] managers' desire for socially-similar others in the workplace— what she called the homosocial reproduction of labor—was directly correlated with the "uncertainty quotient" in organizational roles [...] Uncertainty [...], increases reliance on trust and personal discretion and leads to the selection of workers on the basis of social similarity. If uncertainty can be reduced, then the closed circle' can be opened (Coverdill, 1998, p. 121). "Likes hire likes. So much for diversity." (Coverdill, 1998, p. 123). Bezogen auf den Fit zwischen Interviewer und Bewerber, spielen das Vertrauen in das Unternehmen des Klienten aus Sicht des Bewerbers und die Sozial-Psychologie der Beziehungen innerhalb sozialer Gruppen eine bedeutsame Rolle. Stimmen Interviewer und Kandidat hinsichtlich sozialer Faktoren überein, spricht man auch von einem „endpersonalisierten Vertrauen" zwischen den beiden Parteien. In sozialen Ähnlichkeiten wurzeln laut aktueller Forschung, Normen der Verantwortung und Kooperation (Coverdill, 1998). Eben diese Normen haben

Einfluss auf die Erwartungen der HR Verantwortlichen, dass ein Kandidat vertrauenswürdig ist. Faktoren, die dabei eine Rolle spielen sind Familienhintergrund, Alter, soziale und finanzielle Situation, ethnischer Hintergrund, etc. Weisen Personen dieselben sozialen Hintergründe auf, ist es wahrscheinlicher, dass sie auch das gleiche Verständnis für diverse Situationen haben, was in weiterer Folge die zukünftige Zusammenarbeit im Unternehmen erleichtern wird (Coverdill, 1998). „While social similarities may well influence assessments of trustworthiness, and hence employability, they are also likely to shape the evaluation of a candidate in a more subtle fashion. [...] the outcome of negotiations and exchanges will be satisfactory to both parties" (Coverdill, 1998, p.119). Entscheidend für den Auswahlprozess ist, dass sich HR Verantwortliche meistens nicht über ihren Bias innerhalb ihres sozialen Umfelds bewusst sind („in-group bias") (Coverdill, 1998). Auch hier kann die neutrale, externe Stellung eines Headhunters nützlich sein, um zu verhindern, dass die Evaluierung eines Kandidaten ausschließlich aufgrund von sozialen Ähnlichkeiten getroffen wird, sondern aufgrund von, von Emotionen befreiten Kriterien. Es ist nur logisch, dass ein Personalberater sich weniger von sozialer Ähnlichkeit mit einem Kandidaten leiten lässt, da er zukünftig nicht in einem Arbeitsverhältnis mit ihm stehen wird.

Ähnlich verhält es sich mit der Sympathie zwischen Kandidat und HR Verantwortlichen. Recruiter wählen häufig neue Mitarbeiter nach Sympathie, oder dem „Bauchgefühl" aus. „In the language of [...] headhunters, applicant-interviewer fit means that "people hire people just like themselves." That phrase points to the importance of highly subjective, non-job-related criteria that have traditionally been viewed as discriminatory [...]." (Coverdill, 1998, p. 124). Tatsache ist, dass selbst Entscheidungen aufgrund von subjektiv empfundener Zuneigung zu bestimmten Kandidaten eine Form der Diskriminierung gegenüber anderen Bewerbern, als auch eine Form des Bias darstellt (Coverdill, 1998). Genau davor wollen HH ihre Klienten bewahren, da dies häufig nicht zielführend ist und viele Kandidaten in der Lage sind gut zu schauspielern. Im Gegensatz zur Situation in vielen Unternehmen, beginnt die Recherche über Kandidaten durch HH nicht erst kurz vor (oder nach) dem Vorstellungsgespräch mit Bewerbern, sondern schon Wochen vorher. Sie tun sich somit leichter eventuelle Fassaden aufzudecken und nicht in die „Sympathie-Falle" zu tappen. Nach Aussage eines Personalberaters ist dies bei mangelnder Information über die Stellenanforderungen vieler HR Verantwortlichen sehr häufig der Fall (Weuster, 1989). Weil Personalberater für gewöhnlich auf Branchen und Märkte, aber auch auf bestimmte Positionen spezialisiert sind, können sie bei dieser Problematik gut Abhilfe schaffen und das fehlende externe Wissen der HR Verantwortlichen kompensieren. Man versuche in der Branche ebenso, nicht gefühlsmäßig, sondern journalistisch und „hart" heranzugehen, um sich nicht blenden zu lassen. Die Auswahlmethode von HH heißt dann mitunter viele, und manchmal auch direkte bzw. (Fang-) Fragen zu stellen, um Dinge in Erfahrung zu bringen, die ein Kandidat nicht so schnell äußern würde bzw. um herauszufinden, wo er unehrlich ist (Gleichen, 1987). Mertzanopoulos bezeichnet dies in seinem Erfahrungsbericht auch als „den Columbo-Trick".

Ebenso wichtig ist es, dass Personalberater die Vorselektion von Kandidaten für ihre Klienten übernehmen und erst danach die Auserwählten vorstellen („short list"). Erst nach der Vorselektion, achten sie dann auf den „sozialen Fit" bzw. die Chemie zwischen dem HR Manager im Unternehmen des Klienten und dem Kandidaten: „„Likes hire likes. That's reality. But I try to get somebody who has similar features, similar background, similar personality as the person who's interviewing them. That's the ideal goal if you can do it."' (Coverdill, 1998, pp. 112–113). Erfahrene HH stützen sich nach der Vorselektion vor allem auf die langfristigen, persönlichen Aspekte und die Chemie zwischen den Parteien. Auch wenn dies nicht immer möglich ist, arbeiten sie dennoch grundsätzlich auf dieses Ziel hin, da sie ein profundes Verständnis von der Theorie haben, wie Arbeitgeber üblicherweise Entscheidungen treffen (Coverdill, 1998). Meistens haben diese ein Stereotyp eines guten Bewerbers im Kopf und je größer die Übereinstimmung zwischen idealem Bewerber und dem tatsächlichen Bewerber, desto besser fällt die Entscheidung für einen Kandidaten aus. Persönliche Eigenschaften des HR Verantwortlichen spielen im Rahmen des Idealbildes eine große Rolle (Weuster, 1989).

Egal ob es um Vorurteile, Diskriminierung oder jede andere Form des unbewussten Bias geht, sind sich HH und Personalberater ihrer Rolle als Mediator und einflussgebender Part auf die Personalentscheidungen ihrer Auftraggeber bewusst. J. A. Mertzanopoulos verweist z.B. auf seine Devise der „Political Correctness", wenn es um seine Arbeit geht. Political Correctness verbietet im Rahmen der Personalbeschaffung jegliche Form der Diskriminierung. Es ist generell untersagt Menschen wegen bestimmter Merkmale – egal in welchem Bereich – ungleich zu behandeln. Für Herabwürdigung oder Benachteiligung von Kandidaten ohne sachliche Rechtfertigung stehen seriöse HH, wie Mertzanopoulos auf keinen Fall. Was dieser jedoch ebenfalls bedauerlich findet, ist die Tatsache, dass Frauen immer noch benachteiligt werden, obwohl sie teilweise die doppelte Anstrengung auf sich nehmen und dass auch der Gesetzgeber daran nichts ändern kann, weil Unternehmen im Allgemeinen – trotz ihrer geschlechtsneutralen Textierung bei Insertionen – immer noch unsachlich entscheiden und die subjektiv vorgenommene Personalselektion hinter offiziellen Absagegründen verstecken, die nicht der Wahrheit entsprechen. Daran können Headhunter leider auch nicht viel ändern: „Diese Situation ist bedauerlich, aber es ist natürlich auch nur schwer möglich einem Arbeitgeber vorzuschreiben, welchen Mitarbeiter bzw. welche Mitarbeiterin er einstellen soll oder muss." Ein anderes Vorurteil, das sich v.a. in Österreich bei vielen HR Verantwortlichen durchgesetzt hat ist, dass Jemand, der zuvor mehr verdient hat, als er in der zukünftigen Position verdienen würde, nicht motiviert sein kann. Es wird sofort unterstellt, dass der potenzielle neue Mitarbeiter „ja zwangsläufig unzufrieden sein muss" (Mertzanopoulos, 2014, p.47). Mertzanopoulos weiß, dass dies nicht zwangsläufig der Fall ist. Folglich kann auch hier das Fachwissen eines erfahrenen HH helfen, solche Vorurteile in HR Abteilungen abzuschwächen.

Auch wenn Headhunter und Personalberater selber „nur Menschen" sind und sich natürlich nicht allen Wahrnehmungsfehlern (trotz professioneller und gegebenenfalls psychologischer Schulung) entziehen können, sorgt das besondere Arbeitsverhältnis zu ihren Klienten und den selektierten Kandidaten für die nötige Distanz, um in vielerlei Hinsichten die Eignung von potentiellen Mitarbeitern zumindest objektiver beurteilen zu können, als es den Angehörigen der HR Abteilungen möglich ist, mit denen sie zusammenarbeiten.

5 Diskussion

Trotz mangelnder Literatur über den Einfluss von Headhuntern auf ethische Entscheidungen in der Kandidatenauswahl seitens HR Abteilungen, konnte mit Hilfe unterschiedlichster Literatur-Quellen ein guter Einblick in die Zusammenarbeit beider Parteien gewonnen werden. Durch den Vergleich bekannter Beurteilungsfehler, die bei Recruiting-Prozessen vorkommen und der Arbeitsweise von Personalberatern, wird gezeigt, dass diese nicht nur bezüglich aller Kooperationspartner auf dem Arbeitsmarkt, sondern auch bezüglich der Personalselektion ethische Standards wahren. Das Fehlen eingehender Literatur zur moralischen Wertehaltung von Headhuntern gegenüber Kandidaten im Bewerbungsprozess konnte durch das Zusammenführen von Aussagen und Schilderungen einer Vielzahl von Personalberatern oder Headhuntern ausgeglichen werden. Des Weiteren wurde versucht, die Forschungslücke durch das Zusammenführen von Interview-Material aus der Sekundär-Literatur und den von Headhuntern eigens verfassten Texten zu schließen. Die Validität der Ergebnisse in dieser Arbeit wird zudem durch Verwendung von Literatur unterschiedlicher Güte (wobei der Großteil wissenschaftlicher Natur ist) gewährleistet, da gerade bezüglich moralischer und ethischer Thematiken eine Berücksichtigung verschiedener Meinungsträger (fernab wissensschaffender Akademiker) wichtig ist. Die nachfolgenden Ergebnisse belegen, dass Arbeit von Headhuntern für die Weiterentwicklung von HR Abteilungen vieler Unternehmen bedeutsam ist – und das auch betreffend ethischer und moralischer Aspekte.

Als erstes kann einmal die Frage geklärt werden, welche Recruiting-Kanäle für HH in Zukunft eine übergeordnete Rolle spielen werden: Hofmann fasst das Urteil über Stellenanzeigen versus Direktsuche folgendermaßen zusammen: „Die einst heiß diskutierte Streitfrage, ob man besser per Stellenanzeige oder per Direktsuche arbeiten soll, ist dagegen entschieden. Das Beispiel Kienbaum Executive Consultants zeigt deutlich, dass die anzeigengestützte Suche nur noch eine Methode von vielen ist, um den richtigen Kandidaten zu finden. Und diese Methode wird immer weniger angewendet. Auch in diesem Punkt sind sich alle Berater einig: Das Sichten von Lebensläufen, das Durchforsten von Datenbanken und die Recherche im Internet sind lediglich einzelne Teile eines umfassenden Suchprozesses. Am Ende aber zählen das persönliche Gespräch und der Eindruck [...] (Hofmann and Steppan, 2011, p. 7). Neben eventuellen Anzeigen, ist das Interview der Kern von Headhuntern, wenn es um die Personalauswahl geht. Das Groß der HR Abteilungen haben häufig ineffiziente Recruiting-Methoden, weil die Interviews entweder zu wenig strukturiert sind, nicht alle relevanten Fragen gestellt werden, Stellen zu dringend besetzt werden müssen und es dadurch zu überstürzten Einstellungen kommt, oder sie lassen sich von Bewerbern blenden, weil sie nicht genügend Informationen über Kandidaten zur Verfügung haben, da Ihnen die Netzwerke und die notwendigen Informationsquellen fehlen.

Hierbei wird deutlich, dass die intensive, monatelange Arbeit von Headhuntern weitläufig unterschätzt wird, die die Stellenbesetzung durch gute Arbeitskräfte erdordert. Durch zunehmende Fluktuation und Abwanderung von Fachkräften ins Ausland, sowie die demografische Entwicklung, die zu Engpässen an Personal führt, leistet diese Branche mittlerweile enorme Arbeit (Naumann, 2011). Ihre Dienstleistungen gehen weit über das hinaus, was Arbeitsmarktservice, Personalvermittlungen und Human-Ressource Abteilungen erreichen können und ergänzen die gezielte Fachkräfteplatzierung mit spezialisierter Expertise im Bereich Unternehmensberatung. Fest steht, dass die Bedeutung dieser Form von externer Personalbeschaffung lange Zeit ignoriert oder nicht erkannt wurde, weshalb man auch von einer „verschwiegenen Branche" spricht (Naumann, 2011).

Einer der offensichtlichsten Unterschiede zwischen spezialisierten Headhuntern bzw. Personalberatern und unternehmensinternen HR Abteilungen ist der, dass Headhunter durch ihre außenstehende Stellung einen viel objektiveren Blick auf das auftraggebende Unternehmen und sein Umfeld haben. Headhunter kennen die Wettbewerbssituation und Konkurrenz eines Klienten-Unternehmens und können den Markt von einer neutralen Position aus meist besser einschätzen. Vielmehr als Mitarbeiter, die schon seit mehreren Jahren im Unternehmen sind und eventuell schon etwas festgefahrene Ansichten haben, können Personalberater als Außenstehende neue Ideen, Möglichkeiten und einen neutraleren Blick auf gewisse Dinge miteinbringen – genauso wie auf die Kandidaten, die sie für das Unternehmen rekrutieren. Festgefahren in vielen Unternehmen sind auch oft die Managementstile. Aktives Zuhören wird vielfach mit Passivität, Ungewissheit und „Untergebenen-Status" assoziiert (Mertzanopoulos, 2014). Oftmals müssen HH auch in dieser Hinsicht HR-Managern beratend zur Seite stehen, die während der Personalrekrutierung immer noch eher „von oben herab" mit Kandidaten kommunizieren und Vorstellungsgespräche enden oft in einer Art „Kreuzverhör", jedoch nicht in einer erfolgreichen Zusammenarbeit (Mertzanopoulos, 2014). So lassen sich heutzutage natürlich keine Bewerber mehr gewinnen. Das aktive Zuhören (engl. „Active Listening") gilt als die neue „Wunderwaffe" laut J.A. Mertzanopoulos. Es beugt nicht nur Missverständnissen vor, sondern hilft auch dabei, das zwischen den Zeilen zum Ausdruck gebrachte von Kandidaten zu erfassen bzw. zu deuten. HH haben durch langjähriges Befassen mit diesen Thematiken ein viel geschulteres Auge für subtile Verhaltensweisen ihres Gegenübers. Dies ist nicht nur im Rahmen von Bewerbungsgesprächen von größter Bedeutung sondern auch von Assessment Centern (Mertzanopoulos, 2014). Was viele Unternehmen im Rahmen der Kommunikation mit Kandidaten noch unterschätzen, ist die Bedeutung von Bewerbern, denen abgesagt wird. Gerade Kandidaten der jüngeren Generationen haben ihr eigenes Wertesystem entwickelt. Sie sind überall gut vernetzt und gute, wie auch schlechte Erfahrungen mit einem Arbeitgeber werden schnell verbreitet (Stülb von Klimesch and Klimesch, 2014). „Employer Branding und Candidate Experience sind neuartige Entwicklungen, denen man ernsthafte Beachtung schenken sollte. Unternehmen sind gut beraten einmal zu prüfen, welchen Eindruck sie bei Kandidaten hinterlassen, denen sie abgesagt haben. Kandidaten, die, aus welchen Gründen auch immer, nicht zur ausgeschriebenen Position passen, schmeißt man nicht wie einen zu kleinen Fisch nach dem Angeln wieder zurück ins Meer. Auch abgewiesene Kandidaten sind Meinungsträger. Gerade bei einer Absage, sollte das Unternehmen einen guten Eindruck hinterlassen. It's a small world." (Stülb von Klimesch and Klimesch, 2014, p. 23). In diesem Zusammenhang ist es besonders wichtig, dem Kandidaten auch ein fundiertes Feedback für die Ablehnung zu geben und nachvollziehbare Gründe zu liefern. Mit nichtssagenden Floskeln geben sich Bewerber heutzutage nicht mehr so leicht zufrieden und werden womöglich eine schlechte Bewertung des Klienten veröffentlichen. Auch in diesen Angelegenheiten unterstützen HH ihre Klienten und versuchen diesen einen anderen Zugang zum Bewerbermanagement zu vermitteln (Stülb von Klimesch and Klimesch, 2014).

Die außerordentliche Marktkompetenz und die fundierten Kenntnisse in den Branchen, in denen Sie tätig sind, machen Executive Search Dienstleister zu wichtigen Schlüsselfiguren am zukünftigen Arbeitsmarkt (Naumann, 2011). Einerseits gibt es viele Branchenspezialisten, andererseits betrifft ihre Spezialisierung auch Berufsgruppen oder Tätigkeiten. Wichtig ist, dass HR Manager das DL-Angebot von Beratungsunternehmen in den Bereichen nutzen, in denen die eigenen Möglichkeiten beschränkt sind oder die Kenntnisse und Kapazitäten nicht ausreichen. Durch das Outsourcing der Recruiting-Aktivitäten sind HH zwar in das Unternehmensumfeld bis zu einem gewissen Grad integriert, durch ihre außenstehende Stellung allerdings, ist es möglich Abwerbungen umzusetzen, ohne die Beziehung zwischen dem Klienten und seinen Mitbewerbern zu gefährden. Klienten nutzen die DL von HH also, um gleichzeitig ihre moralische Verantwortung abzugeben, wenn es zur Abwerbung von Mitarbeitern der Konkurrenz kommen sollte (KONECKI, 1999). Dies wird durch ein Interview mit einem HH deutlich:

„A. (interviewer) - ‚But is it moral if a person from a direct competitor is recruited by a hired headhunter?' R. ‚Yes, it is, because the headhunter is independent, he/she is from outside. His work consists in finding the best people in the industry, not only among competitors. He should submit the plan of search - 'this is the list of 350 persons whom I phoned, and these five are the best of them'. Such process is more objective, less biased.'" (KONECKI, 1999, p. 564). Zusammenhängend mit der moralischen Verantwortung der Personalberatungsbranche, konnte in dieser Arbeit auch das Vorurteil der unethischen Geschäftspraktiken gegen die Branche abgemildert werden. Es ist nun ersichtlich, dass HH zumeist nicht weniger ethisch handeln, als es ihre Auftraggeber von ihnen verlangen bzw. selbst tun. Wie in allen anderen Branchen und Wirtschaftszweigen herrscht hier das Konzept des homo oeconomicus. Vor allem angesichts der fortschreitenden Entwicklungen auf dem Arbeitsmarkt, wird es sehr wahrscheinlich dazu kommen, dass das bloße rationale Handeln die moralische Rechtfertigung von Abwerbungen ist: „Another argument 'normalizing' headhunting practices is pointing to a rational and standardized process of search for candidates. It the process is arranged rationally there is no need to mention the moral or immoral activities of the headhunters. 'Rationality' is here a moral justification for the entire economic activity, whose objective is to increase profits. It becomes particularly visible in the headhunting business, where finding a candidate in another company by the headhunter is considered to be more moral than finding such candidate directly by the interested customer in his/her rival's company [...]" (KONECKI, 1999, p. 563).

Nun kann man natürlich argumentieren, dass es selbsternannte HH gibt, die sich an keine Regeln halten und nur am Profit interessiert sind. Jedoch betrifft dies die Minderheit. Viele Quellen und Insider aus der Branche belegen, dass HH von dieser Sorte nicht lange im Geschäft bleiben und genauso rasch wieder vom Markt verschwinden, wie sie gekommen sind. In der HH-Branche kann man nur erfolgreich sein, wenn man seriös und regelkonform arbeitet (KONECKI, 1999).

Schließlich ist vor allem der gesellschaftliche Wertewandel Grund dafür, dass die Personalberatungsbranche langfristig zentraler Bestandteil der externen Personalbeschaffung sein wird. Wie folgendes Zitat erneut deutlich macht, haben Personalberater oder HH schon längst verinnerlicht, wie Personal zukünftig zu gewinnen ist: „Im Laufe der Zeit erkannte man, dass das menschliche Verhalten sowie zwischenmenschliche Beziehungen eine ungemein wichtige Rolle in erfolgsorientierten Organisationen spielen. Die Schaffung einer Unternehmenskultur, die den Mitarbeiter in den Mittelpunkt des Interesses rückt und die Interaktion der Mitarbeiter als wesentlichen Bestandteil ansieht, wurde somit zu einem signifikanten Erfolgsfaktor einer funktionsfähigen Organisation. Wenn Menschen vitale Elemente einer Organisation bilden, so ist es unerlässlich, Wertorientierungen und Wertvorstellungen der internen wie externen Individuen in das Gestaltungskalkül von Organisationen einzubeziehen. Wenn Wertorientierungen im Begriff sind sich zu wandeln, so müssen Organisationen sich über den Wandel und dessen Konsequenzen bewusst sein. [...] Menschen streben heute verstärkt nach Selbstbestimmung und Selbstentfaltung in der Freizeit und vor allem im Beruf. Viele Organisationen unterschätzen gesellschaftliche Tendenzen wie diese und wundern sich warum sie im großen Spiel der globalen Ökonomie am Ende als Verlierer dastehen. [...] Wenn wir als Wohlstandsgesellschaft auf dem Weg zu einer ökonomischen Wissensgesellschaft erfolgreich sein wollen, so müssen wir gleichzeitig die Entwicklung zu einer sozialen ‚Vertrauensgesellschaft' vorantreiben [...] Der veränderte, zeitgemäße Umgang mit [...] Menschen beginnt nicht erst mit der Lobrede zur 25jährigen Firmenzugehörigkeit, sondern schon bei Dienstantritt und auch der Phase der Mitarbeitergewinnung. Wenn im Rahmen des Professional Search ein „Embedded Hunter" zum Einsatz kommt, gelten obige Werte in uneingeschränktem Maße, für den Hunter wie auch für das beauftragende Unternehmen. Organisatorisch wie auch kulturell ist der Embedded Hunter ein integraler Bestandteil des Gewinnungsprozesses. Die juristische und finanzielle Ausstattung spielt nur eine untergeordnete Bedeutung. Kulturell verschwimmen auch hier die strengen Grenzen zwischen Innen und Außen." (Stülb von Klimesch and Klimesch, 2014, pp. 83–84).

All diese Resultate macht deutlich, dass HH zum großen Teil ganz andere und viel mehr Ziele verfolgen, als unternehmensinterne Personalabteilungen, die für gewöhnlich noch in andere Unternehmensbereiche (d.h. intern) eingebunden sind. „Die Anforderungen an die Unternehmen haben sich gewandelt. Das Personalmanagement muß diesem Wandel Rechnung tragen und aktiv an der Neuausrichtung der Unternehmen mitwirken. Das bedeutet eine Abkehr von herkömmlichen - oft verwalterischen - Aufgaben und eine Hinwendung zu einem ganzheitlichen Personalmanagement als integraler Bestandteil der Unternehmenspolitik. Instrumente wie Unternehmensleitbilder, Führungsgrundsätze, Entlohnungsformen,

Arbeits- und Freizeitmodelle, Personalentwicklungskonzeptionen und vieles mehr müssen geändert, entwickelt und implementiert werden. Mangelnde personelle Kapazitäten und/oder fehlende Erfahrung machen jedoch häufig die Mithilfe eines Beraters erforderlich." (Hensing, 1992, p. 355). Vor allem das weitaus umfangreichere Beratungsangebot vieler HH ist bei solchen Umstruktierungsmaßnahmen bei Klienten vorteilhaft und trägt dazu bei, dass Unternehmen besser auf die zukünftigen Entwicklungen vorbereitet sind. Natürlich hängen die in Anspruch genommene Dienstleistungen immer von der aktuellen Problemstellung beim Klienten und vom Angebot und der Erfahrung der Personalberater selbst ab (Hensing, 1992). Diese Arbeit soll lediglich zeigen, wie weit die Verantwortung von HH reichen kann und welche Bedeutung sie unter ethischen Gesichtspunkten für den zukünftigen Personalmarkt hat. Daher sind die unterschiedlichen Ausprägungen von HH-Unternehmen und deren spezifische DL zu vernachlässigen.

Dass soziale Medien und die Digitalisierung Headhuntern die Zukunft streitig machen werden, erscheint relativ unwahrscheinlich. Entgegen der Meinung Vieler wird die zunehmende Digitalisierung und die Popularität von Online-Recruitment Plattformen keineswegs im Widerspruch zum Erfolg von Personalberatungen stehen. Vielmehr fangen Personalberatungen wie schon erwähnt an, im Rahmen der externen Personalbeschaffung den digitalen Wandel für sich zu nutzen und noch erfolgreicher in ihrem Business zu sein. Durch neue Software und die Gewinnung effizienter, technologischer Lösungen in Kombination mit ihren spezifischen Fähigkeiten in der richtigen Auswertung von Daten, werden geschulte Personalberater und Headhunter zukünftig sicher nicht von der Bildfläche weichen, sondern ihre Alleinstellungsmerkmale noch mehr verfeinern. Die Tatsache, dass neben einer fundierten Beurteilungskompetenz von Menschen und Empathie auch das Verständnis für das sich ständig verändernde, kulturelle Umfeld und aktuelles Wissen zu Märkten Branchen und Trends (bzgl. Arbeitsmarktforschung) gefragt sind, macht es unwahrscheinlich, dass Unternehmen angesichts der vorher genannten Entwicklungen, trotz digitalem Fortschritts, langfristig auf Headhunter oder Personalberater verzichten können.

Im Rahmen dieser Arbeit wurde weiters eingehend erörtert, weshalb die Zusammenarbeit mit HH oder Personalberatern, unterschiedlichsten Formen der Wahrnehmungsverzerrung und Diskriminierung bei den Vorstellungsgesprächen und im Auswahlprozess allgemein vorbeugen kann. Durch ihre außenstehende Stellung, sind sie in der Lage objektiver und distanzierter zu bewerten und sich auf die wesentlichen Punkte, die für die Stellenbesetzung beim Klienten relevant sind zu konzentrieren. Bei Voreingenommenheit der HR Verantwortlichen, sind sie in der Lage neutralisierend und aufklärend bei der Personalselektion zu wirken. Als Mediator und Beobachter, räumen sie eventuelle Missverständnisse zwischen Kandidat und Klient aus dem Weg und stehen beiden Parteien – wenn vereinbart bis zum Ende des „Onboarding-Prozesses" bzw. der vollständigen Eingliederung des Kandidaten ins Unternehmen – beratend zur Seite. Insgesamt kann mit dieser Arbeit gezeigt werden, dass HH nicht nur aus ökonomischer, sondern auch aus moralischer Sicht eine Bereicherung für den zukünftigen Arbeitsmarkt und für die auf ihm agierenden Unternehmen sind.

Was nach Untersuchung der Methoden und Vorgehensweisen von HH mit Beispielen aus der Praxis deutlich wurde, ist die Tatsache, dass es unter Zuhilfenahme von Beratern zu weniger diskriminierenden Entscheidungen kommt. Einerseits aus Gründen der sozialen Erwünschtheit (HR Verantwortliche müssen ihre Entscheidungen zumindest beim HH „rechtfertigen") und andererseits, weil HH von gewissen Formen des Bias betreffend ihrer Position kaum bis nicht betroffen sind. Zudem wiegen Wahrnehmungsverzerrungen von einzelnen Interviewern weniger, wenn das Vorstellungsgespräch mit mehreren Entscheidern stattfindet (gewöhnlich sind der HH und 1-2 HR Mitarbeiter anwesend). Unternehmen, die nicht auf die Entwicklungen reagieren und sich gegebenenfalls externe Hilfe von Personalberatungen holen, welche vielfach spezialisiert sind, müssen entweder über die „betriebswirtschaftlich sinnvolle" Nutzung älterer Mitarbeiter nachdenken, oder sie werden bald nicht mehr die notwendigen Ressourcen haben, um langfristig erfolgreich zu sein (Stülb von Klimesch and Klimesch, 2014). Getreu dem Motto: „,Der hoffnungslose Fall von heute ist die Fachkraft von morgen.' Otto Kentzler, Deutscher Unternehmer und Präsident des Zentralverbandes des Deutschen Handwerks" (Stülb von Klimesch and Klimesch, 2014, p. 3).

Was für die Kandidatenbeurteilung durch HH besonders hervorzuheben ist, ist dass sie im Gegensatz zu den HR Managern auf Klienten-Seite weder einen Grund haben, die Entscheidung für oder gegen einen Kandidaten als rational begründen zu müssen (selbst, wenn dies nicht der Fall ist), noch müssen sie angeben, die Entscheidung rein aufgrund der Leistungsfähigkeit eines Kandidaten getroffen zu haben. Sie bemühen sich lediglich darum, genau den Kandidaten mit allen Eigenschaften zu finden, die sich der Klient wünscht. Dabei berücksichtigt der HH vor allem auch die Anforderungen und Vorlieben der HR Manager, mit denen er zusammenarbeitet und die die Kandidaten letztendlich einstellen (Coverdill, 1998): „[...] they are active participants whose understandings of employer preferences and behavior are empirically consequential." (Coverdill, 1998, p. 108). Somit zeigt sich auch, dass Personalberater im Grunde hauptsächlich Interessensvertreter ihrer Klienten sind. Eine Aussage eines Headhunters gibt einen guten Einblick in die Thematik: „My companies don't openly come out and say, ‚Don't send me someone like you.' I mean, they'd have no interest in looking at a 42-year-old, receding-hair-line, five-foot, four-inch guy. I'm not saying they openly discriminate, but if it came down to a 28 year old walking in the door or me, the 28 year old is going to get the job 19 out of 20 times. And these companies that I work for don't openly say, ‚I will not look at this person. ' But they often find reasons to knock the candidate out." (Coverdill, 1998; Finlay and Coverdill, 2002, p. 114). Dieses subjektive Verhalten von vielen HR Verantwortlichen innerhalb von Unternehmen, stellt die Personalberater vor die weitere Aufgabe angemessene Gründe und folglich auch ein ehrliches Feedback den Kandidaten gegenüber zu finden, wenn diesen abgesagt wird. Wie schon erwähnt, fühlen sich seriöse HH beiden Seiten verpflichtet: „I will go to the employer and say, ‚I have met this person and this is what they look like. '" And I know the employer's going to knock him out, but at least that's not me playing God. I let them do it. And I've got to gently go back to the candidate [...]" (Coverdill, 1998; Finlay and Coverdill, 2002, p. 115).

Natürlich versuchen Personalberater dennoch nicht völlig ohne Eigennutz beide Seiten glücklich zu machen und deshalb nehmen sich seriöse HH auch genügend Zeit für ihre Aufträge: „Direktsuche ist kein 'schnelles Geschäft', sondern läuft über langjährig aufgebaute persönliche Kommunikation mit Unternehmen und Kandidaten. Wer heute Gesuchter ist, kann morgen außerdem Auftraggeber sein. Deshalb empfiehlt es sich, möglichst gute Arbeit auf beiden Seiten zu leisten." (Hansen, p. 25).

Hinter diesem Anreiz steht natürlich auch die finanzielle Vergütung, die je Position und Spezialisierung des Headhunters variieren kann. Wie bereits erwähnt, bestimmt auch die Art der Vergütung, inwiefern HH ihrer moralischen Verpflichtung vor, während und nach dem Recruiting-Prozess nachkommen.

In dieser Arbeit wurde darauf verzichtet genauer zu beleuchten, wie sich die (ethischen und moralischen) Arbeitsweisen von Personalberatern oder HH zwischen einzelnen Ländern unterscheiden. Außerdem wurde auf einen Vergleich zwischen HH, die vornehmlich Spitzenpositionen in großen Konzernen besetzen und denen, die sich auf KMUs spezialisieren verzichtet. Die genauen Unterschiede zwischen diesen unterschiedlichen Dienstleistern herauszuarbeiten, hätte den Rahmen dieser Arbeit gesprengt. Daher wurden Aussagen und Interviews von

Beratern, die in verschiedenen Bereichen tätig sind, gleichermaßen berücksichtigt und zu einem Gesamtbild der Branche zusammengesetzt. Bezogen auf die Forschungslücke, könnte aber zukünftig der moralische Einfluss von Personalberatern oder Headhuntern in Auswahlprozessen mit ihren Klienten tiefergehend untersucht werden. Als weiteren Schwachpunkt könnte man die Aussagen der verschiedenen Experten aus der Branche heranziehen, da diese ja letztendlich auch „nur" subjektive Meinungen darstellen, jedoch spricht die Anzahl der Jahre, in denen einige schon im Geschäft erfolgreich sind dafür, dass die Schilderungen ausreichend valide sind.

6 Fazit

Letztendlich gibt es genug Gründe für die Kooperation mit HH, auch für KMUs mit niedriger Mitarbeiteranzahl und begrenzten finanziellen Mitteln. Durch die Suche der besten Kandidaten, die für ihre Klienten auf dem Arbeitsmarkt verfügbar sind – und das unter Berücksichtigung der Unternehmenskultur und ethischen Gesichtspunkten, sorgen HH für eine nachhaltige Gewinnmaximierung bei ihren Kunden und ersparen ihnen durch die Auswahl der richtigen Mitarbeiter auf lange Sicht oft weitaus mehr Kosten, als für den Einsatz ihrer Leistung anfallen. Auch die Tatsache, dass Fehlbesetzungen gravierende Folgekosten nach sich ziehen können, spricht in den Augen vieler für eine Investition in eine qualitativ hochwertige Personalsuche. Es ist zu erwarten, dass wegen der laufend steigenden Nachfrage, welche wiederum die Wettbewerbssituation unter den Personalberatungen selbst verschärft, die Leistungen langfristig immer leistbarer werden. Gerade die Anzahl an Beratungsfirmen, die sich auf KMUs spezialisieren wird noch weiter ansteigen. Die anfangs erwähnten Entwicklungen auf dem Arbeitsmarkt werden sich noch weiter verschärfen und die Verknappung geeigneter Arbeitskräfte für fachspezifische Positionen wird zwangsläufig dazu führen, dass es immer mehr Abwerbungen geben wird. Nicht zu vergessen ist die Angst vor dem Verlust des guten Rufs hinsichtlich einer Abwerbung, bei der Headhunter die moralische Verantwortung von ihren Klienten gegenüber den anderen Marktteilnehmern übernehmen. Es kann also gesagt werden, dass gerade in Bezug auf das größte Vorurteil der Allgemeinheit gegenüber Headhuntern (nämlich, dass diese aufgrund von Abwerbungen unmoralisch handeln), selbige lediglich der ausführende Part ihrer Auftraggeber sind. Somit kann man Ihnen nicht die alleinige Verantwortung für das Abwerben von Mitarbeitern geben, was in Zukunft ohnehin mit großer Wahrscheinlichkeit eine wirtschaftliche Notwendigkeit werden wird. Was allgemein als verpönt und unsittlich gilt, wird in naher Zukunft von vielen Unternehmen in Erwägung gezogen werden müssen. Der erhöhte Bedarf an Arbeitskräften in Schlüsselpositionen legt nahe, dass diese fast alle dieser Arbeitskräfte bereits in einem bestehenden Beschäftigungsverhältnis sein und es sich leisten können werden, „sich finden zu lassen". Der verdeckte Stellenmarkt wird für die Direktsuche der Headhunter und Personalberater also in Zukunft noch viel wichtiger werden. In Zeiten des „War for Talents" geht es vermehrt darum Diskretion zu wahren und darin ist die Headhunting Branche prädestiniert. Was nach außen hin als wenig vertrauenswürdig und intransparent betrachtet wird, ist eine höchst durchdachte Strategie, die zudem das nötige Vertrauen für eine erfolgreiche Zusammenarbeit zwischen HH und Klienten schafft. Vor einigen Jahren war die Personalbeschaffung im Allgemeinen hauptsächlich Angelegenheit der internen HR Abteilungen in den Unternehmen, was sich allerdings zunehmend verändert. Neben dem demografischen Wandel, der Veralterung der Gesellschaft und einem Mangel an Qualifikation der Arbeitnehmer in vielen, spezifischen Branchen, spielt die wirtschaftliche Bedeutung von einzelnen Ländern eine große Rolle, inwiefern die externe Personalbeschaffung erfolgreich ist bzw. wie schwierig sie sich in Zukunft gestalten wird. Gerade in Österreich wird es über kurz oder lang immer wichtiger werden, wie Personal angesprochen und rekrutiert wird. Die österreichische Wirtschaft ist eine kleine und mittelständisch geprägte Wirtschaft, die sich hauptsächlich aus KMUs mit wenigen Konzernen und einigen Großunternehmen zusammensetzt. Ein punktgenauer, effizienter Personaleinsatz wird ein immer wichtigeres Thema werden. Der Wertewandel und die zunehmende Mobilität bzw. Flexibilität werden in Zukunft nicht nachlassen, weshalb davon ausgegangen werden kann, dass HH – vor dem Hintergrund andauernder Personalsuche seitens vieler Unternehmen - auch in dieser Hinsicht genug Arbeit haben werden. Während manche (v.a. „Internet-Unternehmer") das Ende der HH-Branche aufgrund der technischen Entwicklung prophezeien und behaupten, dass Personalberater bald überflüssig seien, ist laut Experten in der Branche das Gegenteil der Fall: Auch wenn die Entwicklung einer Vielzahl an technischen Möglichkeiten auch gewisse Schwierigkeiten mit sich bringt, wird die HH-Branche eher von den Entwicklungen profitieren. Ein hoher Grad an Digitalisierung kann künftig verschiedene Teilaspekte im Prozess der Direktsuche unterstützen. Das Wissen um die sinnvolle Nutzung und gezielte Anwendung digitaler Werkzeuge wird ein neuer Bestandteil der Beratungskompetenz von Personalberatern, welche einen weiterer Baustein der DL darstellt, dem unternehmensinterne HR Abteilungen nicht so leicht das Wasser reichen werden können. Bezüglich des Wertewandels wird das Thema Personalmarketing und Employer-Branding ebenfalls immer wichtiger werden. Personal muss und will heute umworben werden und gleichzeitig müssen Arbeitgeber in vielerlei Hinsichten ihre Unternehmensstrategien auf die Bedürfnisse der Arbeitnehmer ausrichten, um langfristig attraktiv als Arbeitgeber zu sein. Personalberater können durch ihr umfassendes Know-how hier eine zukünftige Schlüsselrolle im Arbeitsmarkt einnehmen, in dem sie ihre Klienten aus alten Organisationsstrukturen herausholen, welche mit den aktuellen Werttrends und Vorstellungen von Kandidaten nicht oder nur wenig kompatibel sind. Die Tatsache, dass die Personalberatungs-Branche hochspezialisiert auf Branchen, Unternehmensgrößen sowie auf bestimmte Job-Positionen ist und gegenwärtig einen gewaltigen Aufschwung erfährt, macht sie im Hinblick auf die aktuellen externen Entwicklungen auf dem Arbeitsmarkt und bezogen auf den Wertewandel in der Gesellschaft (bzw. unter den Arbeitnehmern) zukünftig zu einem der wichtigsten Wirtschaftszweige. Durch profunde Spezialisierung, sowie der Praktizierung komplexer Einstellungsmechanismen, kann letztendlich gesagt werden, dass die HH-Branche entgegen der allgemeinen Meinung alles andere als unmoralisch ist. Dies bezieht sich nicht nur auf Verhaltenskodizes und die moralischen Standards, die sich Personalberater, als auch Headhunter innerhalb ihrer Branche selbst auferlegen (und durch die sie so erfolgreich sind), sondern auch auf die Gesichtspunkte, unter denen sie potentielle, neue Bewerber für Klienten auswählen und beurteilen.

Literaturverzeichnis

Astheimer, S. (2014) 'KEIN JOB FÜRS GANZE LEBEN: Jüngere wechseln ihren Arbeitgeber rasch', Frankfurter Allgemeine Zeitung GmbH [Online]. Available at http://www.faz.net/aktuell/beruf-chance/beruf/kein-job-fuers-ganze-leben-juengere-wechseln-ihren-arbeitgeber-rasch-12810272.html (Accessed 15 March 2018).

Bartels, L. K., Harrick, E., Martell, K. and Strickland, D. (1998) 'The Relationship between Ethical Climate and Ethical Problems within Human Resource Management', Journal of Business Ethics, vol. 17, no. 7, pp. 799–804.

Becker and Fred Beuurteilungsfehler [Online]. Available at http://www.personalmanagement.info/hr-know-how/glossar/detail/beurteilungsfehler/ (Accessed 17 March 2018).

Bhagwati, M. Personalbeschaffung und Akquisition [Online]. Available at http://www.daswirtschaftslexikon.com/d/personalbeschaffung_und_akquisition/personalbeschaffung_und_akquisition.htm (Accessed 11 February 2018).

Bilen, S. (2012) „Pssssst": LOS, JAG MICH: DIE GEHEIMNISSE DER HEADHUNTER-INDUSTRIE [Online].

Coverdill, J. E. (1998) 'Fit and Skill in Employee Selection: Insights from a Study of Headhunters', Qualitative Sociology, vol. 21, no. 2, pp. 105–127.

Faulconbridge, J., Beaverstock, J., Hall, S. and Hewitson, A. (2009) 'The 'war for talent': The gatekeeper role of executive search firms in elite labour markets', Geoforum, vol. 40.

Fink, M. and Schmid, E. (2012) 'Grenzen bei der Abwerbung von Mitarbeitern - Headhunting von Fachkräften', Arbeit und Arbeitsrecht, no. 09, pp. 518–522.

Fink, M., Titelbach, G., Vogtenhuber, S. and Hofer, H. (2015) Gibt es in Österreich einen Fachkräftemangel?: Analyse anhand von ökonomischen Knappheitsindikatoren [Online], Institut für Höhere Studien (IHS), Wien.

Finlay, W. and Coverdill, J. E. (2002) Headhunters: Matchmaking in the labor market, Ithaca, NY, IRL Press.

Furkel, D. (2017) 'Keine Zukunft für Headhunter?', Personalmagazin, no. 09, p. 50.

Gilmore, T. (2007) 'Headhunting: Psychodynamics of Potential Spaces Created in the Executive Search Process', Socio-Analysis, vol. 9.

Gleichen, F. von (1987) 'PERSONAL-Interview mit Frhr. von Gleichen: Executive Search: Methoden eines Personalberaters', Personal, vol. 39, no. 3, pp. 119–121.

Hansen, J. R. 'Markt der Möglichkeiten Headhunting', in Arbeit und Arbeitsrecht.

Hensing, A. (1992) 'Unternehmensberatung im Bereich des Personalmanagements', Personal, vol. 44, no. 8, pp. 355–357.

Herrmann, A., Peetz, S. and Schönborn, G. (2004) 'Werte führen zum Erfolg', Personal, vol. 56, no. 9, pp. 30–33.

Hofmann, D. and Steppan, R. (2011) Headhunter: Blick hinter die Kulissen einer verschwiegenen Branche [Online], Wiesbaden, Gabler Verlag / Springer Fachmedien Wiesbaden GmbH Wiesbaden. Available at http://dx.doi.org/10.1007/978-3-8349-6448-9.

index HR-Marketing [Online]. Available at https://hr-marketing.index.de/ (Accessed 17 March 2018).

KONECKI, K. (1999) 'The Moral Aspects of Headhunting. The Analysis of Work by Executive Search Companies in "Competition Valley"', Polish Sociological Review, no. 128, pp. 553–568.

Lecturio GmbH (2016) Headhunter: Darum stellen sie Personaler in den Schatten [Online]. Available at https://www.lecturio.de/magazin/headhunter/ (Accessed 17 March 2018).

Leshel, J. (2002) Analyse der Praktikabilität softwarebasierter Webagenten am Beispiel von Headhunteragenten, Stuttgart, Hochschule der Medien [Online]. Available at http://docplayer.org/8427308-Diplomarbeit-analyse-der-praktikabilitaet-softwarebasierter-webagenten-am-beispiel-von-headhunteragenten-cand-dipl-informationswirt-joerg-leshel.html (Accessed 30 January 2018).

Lim, G.-S. and Chan Claudia (2001 [2001]) 'Ethical Values of Executive Search Consultants', Journal of Business Ethics, vol. 29, no. 3, pp. 213–226.

Löhr, A. (2016) 'Unternehmensethik und Personalarbeit', in Klaus, H. and Schneider, H. J. (eds) Personalperspektiven: Human Resource Management und Führung im ständigen Wandel [Online], 12th edn, Wiesbaden, Gabler, pp. 135–159. Available at http://dx.doi.org/10.1007/978-3-658-13971-1.

Meriläinen, S., Tienari, J. and Valtonen, A. (2015) 'Headhunters and the 'ideal' executive body', SAGE, no. 22, pp. 3–22.

Mertzanopoulos, J. A. (2014) Das ABC der Karriere: [Tipps und Tricks für Ihren beruflichen Aufstieg ; von A wie Assessment Center und Ausbildung bis Z wie Zukunft und Zungenpiercing] [Online], 2nd edn, Wien, Wailand & Waldstein.

Naumann, N. (2011) Optimaler Personaleinsatz auf der Managementebene: Hintergünde für die Hintergründe für die Zusammenarbeit mit Headhuntern, Mittweida, Hochschule Mittweida [Online]. Available at https://www.google.at/search?rlz=1C1GCEA_enAT748AT748&q=Optimaler+Personaleinsatz+auf+der+Managementebene-Hintergr%C3%BCnde+f%C3%BCr+die+Zusammenarbeit+mit+Headhuntern&oq=Optimaler+Personaleinsatz+auf+der+Managementebene-Hintergr%C3%BCnde+f%C3%BCr+die+Zusammenarbeit+mit+Headhuntern&gs_l=psy-ab.3...5104.23655.0.24106.63.57.5.0.0.0.196.5806.29j25.54.0...0...1.1.64.psy-ab.4.6.671...33i160k1.0.qiFF_jpzNF0 (Accessed 9 October 2017).

Nuss, C. (2007) Ethische Aspekte der Eignungsdiagnostik durch Führungskräfte, Studienarbeit, Berlin, Freie Universität Berlin [Online]. Available at https://www.grin.com/document/131765 (Accessed 17 March 2018).

Okech, J. (2012) 'Führungskräfte weltweit suchen', ZFO - Zeitschrift Führung und Organisation, no. 03, p. 187 [Online]. Available at https://www.wiso-net.de/document/ZFO__061201009.

Olfert, K. (2008) Lexikon Personalwirtschaft [Online]. Available at http://www.personalmanagement.info/hr-know-how/glossar/detail/personalberatung/ (Accessed 11 February 2018).

Prezewowsky, M. (2007) Demografischer Wandel und Personalmanagement: Herausforderungen und Handlungsalternativen vor dem Hintergrund der Bev÷lkerungsentwicklung [Online], Wiesbaden, Deutscher Universitäts-Verlag / GWV Fachverlage GmbH Wiesbaden. Available at http://dx.doi.org/10.1007/978-3-8350-9628-8.

Rhein, T. and Stüber, H. (2014) Beschäftigungsdauer im Zeitvergleich: Bei Jüngeren ist die Stabilität der Beschäftigung gesunken, Institut für Arbeitsmarkt- und Berufsforschung (IAB) der Bundesagentur für Arbeit, 90327 Nürnberg 3 [Online]. Available at www.iab.de (Accessed 11 February 2018).

Schloßbauer, S. (2017) Warum Headhunter alle drei Jahre zum Jobwechsel raten [Online]. Available at https://www.experteer.de/magazin/warum-headhunter-alle-drei-jahre-zum-jobwechsel-raten/ (Accessed 10 April 2018).

Schulz, L. M. (2014) Das Geheimnis erfolgreicher Personalbeschaffung: Von der Bedarfsidentifikation bis zum Arbeitsvertrag [Online], Wiesbaden, Springer Gabler. Available at http://dx.doi.org/10.1007/978-3-658-02632-5.

soft-skills.com [Online], Berlin. Available at https://www.soft-skills.com/thema/wahrnehmungsverzerrung/ (Accessed 17 March 2018).

Stern, M. ([1989]) 'Test Your Knowledge Of Executive Search', in The Canadian Manager;, pp. 14–15.

Stockhausen, S. (2014) Die 10 wichtigsten Wahrnehmungsfehler und wie Sie sich aktiv schützen können: Der erste Eindruck des Bewerbers ist wichtig. Aber beurteilen Sie wirklich richtig? Vermeiden Sie folgende Fehler. [Online]. Available at https://peats.de/article/die-10-wichtigsten-wahrnehmungsfehler-und-wie-sie-sich-aktiv-schutzen-konnen (Accessed 17 March 2018).

Stülb von Klimesch, L. and Klimesch, C. von, eds. (2014) Professional Search als Personalmarketing: Eine Antwort auf das Recruiting-Dilemma in der Wissensgesellschaft, Berlin, Heidelberg, Springer Berlin Heidelberg.

Stülb von Klimesch, L. and Stülb von Klimesch, C. (2014) 'Professional Search – was ist das?', in Stülb von Klimesch, L. and Klimesch, C. von (eds) Professional Search als Personalmarketing: Eine Antwort auf das Recruiting-Dilemma in der Wissensgesellschaft, Berlin, Heidelberg, Springer Berlin Heidelberg, pp. 25–40.

Sutarjo (2011) 'Ten Ways of Managing Person-Organization Fit (P-O Fit) Effectivelyy: A Literature Study', International Journal of Business and Social Science, vol. 2, no. 21, pp. 226–233 [Online]. Available at http://www.ijbssnet.com/journals/Vol_2_No_21_Special_Issue_November_2011/25.pdf.

Thomas, M. (2016) Internes Headhunting: Talente entdecken – Führungskräfte entwickeln, Wiesbaden, Springer Fachmedien Wiesbaden.

Verhoeven, T. (2016) Candidate Experience: Ansätze für eine positiv erlebte Arbeitgebermarke im Bewerbungsprozess und darüber hinaus [Online]. Available at http://dx.doi.org/10.1007/978-3-658-08896-5.

Weber, J. (2011) Wesentliche Möglichkeiten interner und externer Personalbeschaffung, Thesis, Verwaltungs- und Wirtschaftsakademie und Berufsakademie Göttingen [Online]. Available at https://www.vwa-goettingen.de/assets/media/Weber.pdf (Accessed 28 January 2018).

Weuster, A. (1989) 'Bewertung des Interviews (Einstellungsgesprächs) als eignungsdiagnostisches Instrument der Personalauswahl', Zeitschrift für Personalforschung / German Journal of Research in Human Resource Management, vol. 3, no. 1, pp. 5–34.